На тым баку Люстра
і што там напаткала Алесю

На тым баку Люстра і што там напаткала Алесю

Through the Looking-Glass in Belarusian

Напісаў

Льюіс Кэрал

Ілюстраваў

Джон Тэніэл

Пераклаў на беларускую мову

Макс Шчур

2016

Выдавецтва/*Published by* Evertype, 73 Woodgrove, Portlaoise, R32 ENP6, Ireland. *www.evertype.com.*

На тым баку Люстра, і што там напаткала Алесю (*Na tym baku Liustra, i shto tam napatkala Alesiu*). Назва твора ў арыгінале/*Original title*: *Through the Looking-Glass and What Alice Found There.* Аўтар/*Author*: *Льюіс Кэрал*/Lewis Carroll.

Рэдактар/*Editor*: Юрась Бушлякоў/*Yuraś Bushliakou.*

Выданьне першае/*First edition* 2016 г.

Каталягізацыйны запіс гэтай кнігі даступны ў Брытанскай бібліятэцы.
A catalogue record for this book is available from the British Library.

ISBN-10 1-78201-149-8
ISBN-13 978-1-78201-149-1

Гарнітуры De Vinne Text, Mona Lisa, ENGRAVERS' ROMAN, і Liberty распрацаваў Майкл Эвэрсан.
Typeset in De Vinne Text, Mona Lisa, ENGRAVERS' ROMAN, *and* Liberty *by* Michael Everson.

Ілюстрацыі/*Illustrations*: *Джон Тэніэл*/John Tenniel, 1865.

Вокладка/*Cover*: *Майкл Эвэрсан*/Michael Everson.

Друк/*Printed by* LightningSource.

Preface

Alice's *Adventures in Wonderland* is a summer tale published by Lewis Carroll (Charles Lutwidge Dodgson) for the first time in July 1865. Many of the characters and adventures in that book have to do with a pack of cards. *Through the Looking-Glass and What Alice Found There* is a winter tale, which Carroll first published in December 1871. In this second tale, the characters and adventures are based on the game of chess.

The heroine of both books is Alice Liddell, daughter of the Dean of Christ Church, Oxford, where Dodgson was a tutor in mathematics. Although Alice Liddell was born in 1852, twenty years later than Dodgson, she appears in both books as a little girl of seven, the age she was when Dodgson met her for the first time. It's clear from the poems at the beginning and end of the book that Carroll was very fond of Alice Liddell. One should note, however, that Alice's parents had a disagreement with Carroll in 1864 and Carroll saw Alice very little indeed thereafter.

The poem at the end of the book *Through the Looking-Glass* is an acrostic in which the little girl's full name is spelt out:

ALICE PLEASANCE LIDDELL—in Belarusian here, АЛЕСЯ ПЛЭАЗАНС ЛІДЭЛ.

At the end of the book you will find the "suppressed" episode "The Wasp in a Wig", which was originally intended to be part of *Through the Looking-Glass*. John Tenniel, who drew the pictures in the first edition of the two books, did not care for this episode, and it was therefore omitted. The splendid picture which graces this chapter was drawn in Tenniel's style by Ken Leeder in 1977.

Through the Looking-Glass contains more word-play and logical paradoxes than does *Alice's Adventures in Wonderland*. In consequence it is more a book for adults than the earlier work.

Michael Everson
Portlaoise 2016

Carroll, Lewis. 2000. *The Annotated Alice: Alice's Adventures in Wonderland & Through the Looking-Glass*. By Lewis Carroll; with original illustrations by John Tenniel. Updated, with an introduction and notes by Martin Gardner. Definitive edition. New York & London: W. W. Norton & Company. ISBN 0-393-04847-0

Carroll, Lewis. 1977. *The Wasp in a Wig: a suppressed episode of Through the Looking-Glass*. Notes by Martin Gardner. London: MacMillan. ISBN 0-333-23727-7

Foreword

Both *Alice's Adventures in Wonderland* and *Through the Looking-Glass and What Alice Found There* were widely known and enjoyed in Belarus in Russian translations a long time before the first Belarusian translation appeared. The main character, Alice, was quite popular due to a number of films and cartoons. The delay with a Belarusian *Alice* translation can be attributed to the government's cultural politics during Soviet times, when translations of "bourgeois" Western writers, even the classic ones, into a small national language were not encouraged.

The first attempt to translate *Alice* into Belarusian was made in the late 1990s by Dzmitry Zakharchuk, a student of the Minsk State Linguistic University, whose abridged translation was part of his master's degree thesis. The first full translations of both *Alice* and *Through the Looking-Glass* were mine, completed in 2001. The next year my version of *Alice* was published in Minsk in the magazine *Arche No. 2* in its special issue called "Our Children" (2002). In the following years, several other Belarusian translations of both *Alice* books appeared (see References), but the only version of either work to appear in book form was my translation of *Alice's Adventures in Wonderland*, which was eventually published by Evertype in 2013.

Although I sent *Through the Looking-Glass* to *Arche* magazine in 2002 together with my translation of *Alice's Adventures in*

Wonderland, it wasn't published in Belarusian then, because the publisher considered the second *Alice* book somewhat "inferior in meaning" compared to the first one, an opinion which I never shared. In fact, I always liked *Through the Looking-Glass* best, and I was therefore, in a rather Carrollian way, actually happy that it had *not* been published, since I was still looking for a more competent professional proofreader who could help me to find a definitive and congenial Belarusian form for this famous English classic.

It was in the year 2004, when I was working for Radio Liberty in Prague, that I met Dr. Yuraś Bushliakou, CSc., one of the best young Belarusian scholars, whose translations of Jaroslav Seifert and Zbigniew Herbert were known to me from Belarusian radio and press. In a short time we became close friends, and we often discussed my ongoing translation activities as well as general questions concerning the Belarusian language, because Yuraś was what you might call a "language fanatic". Along with sports and his dog, the Belarusian language was his main interest in life, and he struggled passionately against its Soviet, Russified form, as well as against many doubtful neologisms introduced into the language in the 1990s. Being one of the authors of the newest '*tarashkevitsa*' standard (a statement of traditional Belarusian orthography rules), he was especially thorough with his colleagues, and all the more so with such young and ambitious Belarusian writers as myself, who were sometimes too revolutionary for him, a born traditionalist. The first time we worked together was not on a book but on a film, namely *Pulp Fiction*, which I translated in 2005, let's say, just for fun—and indeed, it was such fun that I immediately asked Yuraś to help me with editing my long-abandoned *Through the Looking-Glass* version, which almost no one in Belarus at the time knew existed.

We didn't start immediately, however, mainly due to our own work and writing activities. The text was finally ready only in 2011, two years after Viera Burlak's translation appeared in *Arche*. This is to say, we took our time (Yuraś, in fact, never hurried with anything in his life), but it was a really wonderful and fruitful time we spent with *Alice*. It became almost a ritual for me, once a month or so visiting Yuraś in his house in Prague and reading *Through the Looking-Glass* in Belarusian together, first checking and then enjoying every word or even comma in it as we tried on the one hand to be true to Carroll's text and on the other hand to make the text sound natural in our mother tongue, as if it had been written directly in Belarusian. (And Yuraś actually *did* read out loud every single passage, several times, in order to verify whether it was melodic and well-paced enough for him.) He never forgot that the book was supposed to be read by children, for which reason clarity of expression was something that he cared about above all. (It was with this concern that he suggested slightly reorganizing the text, dividing certain long sentences into shorter phrases.) Luckily for me, Yuraś's English was good enough to understand Carroll's plays on words, so it was quite easy for him to come up with new (usually better) formulations or to inspire new formulations in me. Of course, not all of our spontaneous ideas and puns could be eventually used in the final version, because the funniest of them were simply not publishable. But working together was not only about laughing and having a good time: for me, it was about learning from one of the best Belarusian language masters. Yuraś made me understand (at least, I hope I finally did understand) the difference between spoken Belarusian and its high literary standard (which I never studied on his professional level), with all its subtleties and irregularities; he even taught me words that were new to me, but are in fact just rare or a bit archaic. "They've a temper, some of them—particularly verbs— … however, *you* can manage the whole lot of them!" I quoted to him in jest, comparing him to Humpty Dumpty. His friends often made fun of him in the same way, saying that he "had memorized the whole Belarusian dictionary," which sometimes seemed to be not a joke at all… By the way, collecting dictionaries was another of his passions, and the best gift you would get from Yuraś on any occasion was a good dictionary of his choice, in most cases a Belarusian one, but sometimes also Czech or English.

No one could know then that *Through the Looking-Glass* would be Yuraś's last big project as an editor (in the meantime, however, he managed to proofread several other books, the Belarusian version of *Pippi Longstocking* among them). In the year 2012, knowing already how grave his disease was, he supervised the new and definitive version of my *Alice* translation, which was reworked by me especially for Evertype, so both books, in fact, bear his figurative "imprimatur". Many times, when he happened to be in his native Minsk (Yuraś visited the country much more often than most Belarusian living abroad usually do), he contacted publishers trying to promote the publication of the full Belarusian *Alice* there, unsuccessfully. He did, however, have the chance to welcome good news from Ireland instead, when Michael Everson offered to publish the book there, and saw the first Belarusian *Alice's Adventures in Wonderland* in print just months before he died in June 2013. As this present book would have never appeared without Yuraś, I'd like to dedicate my Belarusian version of *Through the Looking-Glass* to his cherished memory.

Max Ščur
Prague 2016

Carroll, Lewis. [1990s.] *Alisa's adventures in Wonderland.* Translated by Dzmitry Zakharchuk. Master's thesis. Minsk State Linguistic University.

—. 2002. *Алесіны прыгоды ў Дзівоснай краіне. Alesia's adventures in the Miraculous country*. Translated by Max Ščur. Special issue, "Our Children". *Arche, No. 2*.

—. 2008. *Праз люстэрка і што там убачыла Аліса. Through the mirror and what Alisa saw there*. Translated by Dzyanis Muski. Published on the internet.

—. 2009. *Скрозь Люстэрка, і Што ўбачыла там Аліса. Through the Looking-Glass and What Alisa saw there.* Translated by Viera Burlak. *Arche, No.10*.

—. 2013. *Аліса ў Цудакуце. Alisa in Wondernook.* Translated by Dzyanis Muski. Published on the internet.

—. 2013. *Алесіны прыгоды ў Цудазем'і. Alesâ's adventures in Wonderland*. Translated by Max Ščur. Cathair na Mart: Evertype.

—. 2016. *На тым баку Люстра і што там напаткала Алесю. On the other side of the Mirror and what Alesia experienced there.* Translated by Max Ščur. Portlaoise: Evertype.

На тым баку Люстра
і што там напаткала Алесю

Зьмест

Белая пешка (Алеся) пачынае й выйграе за адзінаццаць хадоў

ЧЫРВОНЫЯ

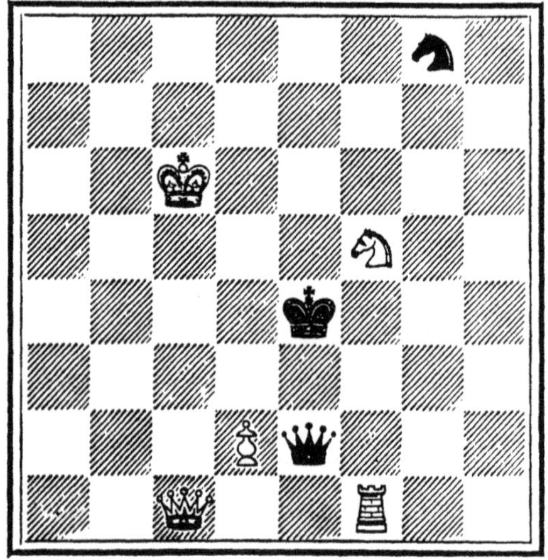

БЕЛЫЯ

1. Алеся d2 сустракае Чырвоную Каралеву e2
2. Алеся з d2 праз d3 (*цягнікoм*) на d4 (*да Тамтарама й Цімтарама*)
3. Алеся d4 сустракае Белую Каралеву c4 (*з хусткай*)
4. Алеся з d4 на d5 (*крама, рэчка, крама*)
5. Алеся з d5 на d6 (*да Яўпата Няўпада*)
6. Алеся з d6 на d7 (*у лес*)
7. Белы Вершнік f5 б'е Чырвонага Вершніка e7
8. Алеся з d7 на d8 (*па карону*)
9. Алеся робіцца Каралевай
10. Алеся ракіруецца (*банкет*)
11. Алеся d8 бярэ Чырвоную Каралеву e8 й перамагае

1. Чырвоная Каралева e2 зьнікае на h5
2. Белая Каралева з c1 на c4 (*па хустку*)
3. Белая Каралева з c4 на c5 (*ператвараецца ў авечку*)
4. Белая Каралева з c5 на f8 (*пакінуўшы на паліцы яйка*)
5. Белая Каралева з f8 на c8 (*уцякае ад Чырвонага Вершніка*)
6. Чырвоны Вершнік з g8 на e7 (*шахуе*)
7. Белы Вершнік e7 вяртаецца на f5
8. Чырвоная Каралева з h5 на e8 (*іспыт*)
9. Каралевы ракіруюцца
10. Белая Каралева з c8 на a6 (*у суп*)

Прадмова да выданьня 1897 года

Як што шахматная мініятура на папярэдняй старонцы паставіла асобных маіх чытачоў у тупік, не зашкодзіць супакоіць іх, што прынамсі *хады* партыі запісаныя слушна. А вось *чаргаваньне* хадоў Белых і Чырвоных, бадай, магло б быць дапільнаванае стражэй. Пад «ракіроўкай» трох Каралеваў я проста маю на ўвазе іхнюю сустрэчу ў палацы: аднак «шах» Беламу Каралю на шостым ходзе, узяцьцё Чырвонага Вершніка на сёмым і заключны «мат» Чырвонаму Каралю дакладна адпавядаюць правілам гульні, як можа пераканацца кожны, хто не палянуецца расставіць фігуры і выканаць прадпісаныя хады.

Наватворы ў вершы «Жабавокі» сталі прычынай пэўных нязгодаў што да іхняга вымаўленьня: таму і *тут* ня лішне праінструктаваць чытачоў. Вымаўляйце «барзюкі» як два асобныя словы, «бар» і «зюкі»; у «сьвярбяху» і «крыўляху» захоўвайце *зацьвярдзелы* «р», а «верашчаху» чытайце так, каб рыфмавалася зь «верашчаку».

Для шэсьцьдзясят першай тысячы асобнікаў гэтага выданьня былі шляхам гальванапластыкі зьнятыя копіі з гравюраў на драўляных друкарскіх дошках (тыя не выкарыстоўваліся з 1871 года, таму захаваліся з часу вырабу некранутымі), а сама кніга была перанабраная наноў згатаваным шрыфтам. Калі з мастацкага гледзішча гэтае перавыданьне ў чымсьці ня здолее дасягнуць якасьці першага, то не таму, што аўтар, выдавец і друкар замала папакутавалі.

Карыстаючыся нагодай, паведамляю, што *«Алеся» для самых маленькіх*, якая дагэтуль каштавала чатыры шылінгі, цяпер будзе прадавацца за столькі ж, што і звычайныя ілюстраваныя кніжкі па шылінгу—хаця я не сумняваюся, што яна значна лепшая за іх ува ўсім (апроч самога *тэксту*, выказвацца пра які я не бяруся). З увагі на тое, што я ўзяў на сябе немалыя першапачатковыя выдаткі, кошт у чатыры шылінгі быў цалкам разумны: але ж, раз публіка фактычна сказала «Мы *не дамо* больш за шылінг за кніжку з малюнкамі, як бы па-мастацку яе ні зьвярсталі,» я лепш пагаджуся лічыць укладзеныя мною сродкі незваротна страчанымі, чым пакінуць самых маленькіх, для якіх пісалася кніжка, безь яе. Таму я і прадаю яе па шылінгу за асобнік, хай для мяне гэта амаль тое самае, што *раздаваць* яе задарма.

Раство, 1896

Параўноўваць сучасныя і віктарыянскія грошы што да іхняй абменнай вартасьці й пакупніцкай здольнасьці нялёгка, але на старонцы victorianweb.org пішуць: «Вельмі прыблізна кажучы, пакупніцкая здольнасьць віктарыянскага фунта недзе ў 65-70 разоў перавышала сёньняшні (паводле стану на 2000-2002 гг.) фунт стэрлінгаў.» Калі пагадзіцца, што 2 ліпеня 2001 г. (то бок роўна паміж 1 студзеня 2000-га і 31 сьнежня 2002-га) адзін фунт 1896 г. быў роўны шасьцідзесяці васьмі фунтам 2001 г., тады адзін віктарыянскі шылінг будзе варты 3,40 фунта, а адно пэні—0,28 фунта. Паводле абменнага курсу валютаў на 2 ліпеня 2001 г. мы можам падлічыць, што пакупніцкая здольнасьць аднаго віктарыянскага шылінга была роўная 3,40 фунта, 5,67 эўра і 4,82 даляра адпаведна. Тады вартасьць чатырох шылінгаў—13,60 £, 22,68 €, або 19,28 $. Улічыўшы (сяк-так) інфляцыю і флюктуацыю курсаў, на 2 ліпеня 2009 г. атрымаем: 1 шылінг = 3,67 £, 4,17 €, або 5,87 $; 4 шылінгі = 14,28 £, 16,68 €, або 23,48 $.

Усталяваны ў 2009 г. кошт кніжкі, якую Вы трымаеце ў руках (і якая так ці іначай ня ёсьць скарочаным пераказам *«Алесі» для самых маленькіх*) у пераліку на грошы 1896 года быў бы роўны прыблізна 2 шылінгам 10 пэнсам. За што купіў...

М. Э.

Дзіця, чый бесклапотны зьдзіў
 Зьзяў у абліччы ясным!
Хоць разьвітацца прысудзіў
 Даўно няўмольны час нам,
  Няхай маёй любові дар
  Азорыць шчасьцем мілы твар.

Гады таму я чуў, дзіця,
 Твой сьмех, званочак срэбны:
Усьцяж дарослага жыцьця
 Табе я не патрэбны—
  Хай так, абы гук слоў маіх
  Крануў душу, крануўшы слых.

Узьнік у даўні летні дзень
 Аповед гэты просты,
Адно каб згодна па вадзе
 Ўдаралі нашы вёслы—
  Я іх і сёньня здольны ўчуць,
  Хоць век загадвае: «Забудзь!»

Хадзі, паслухай баек сядзь—
Больш сьветлых і прыгожых
За голас, што пагоніць спаць
Цябе ў нялюбы ложак!
Нібы дзяцей малых, і нас
Ня цешыць ночы блізкі час.

Знадворку—сьлепіць сьнег, мароз
Пячэ, злуе зіміна,
А тут—гняздо дзіцячых кроз
Ля хатняга каміна.
Затуліць казка сілай чар
Ад завірухі мілы твар.

«Шчасьлівых летніх дзён» няма,
Гучаць з уздыхам словы,
Ды ў іх—імя тваё, дарма
Што змрок настаў зімовы:
Ён не кране сваёй тугой
Радкоў, што лучаць нас з табой.[1]

Разьдзел I

Люстраны дом

Ясна было адно: *белае* кацянятка тут зусім ні пры чым—ува ўсім вінаватае чорнае кацянятка. Мама-котка ўжо чвэрць гадзіны мыла беламу кацянятку тварык (і тое даволі цярпліва гэта трывала), а таму, як вы разумееце, яно не магло прыкласьці лапак да таго, што сталася.

Дзянка мыла пысачкі сваім кацяняткам так: спачатку яна брала небараку за вуха адной лапаю, а пасьля другою церла яму тварык проці поўсьці пачынаючы з носа. Якраз цяпер, як я ўжо казаў, яна была вельмі занятая белым кацяняткам, што ляжала нішчачкам і толькі памурквала—бо, напэўна ж, усьведамляла, што ўсё гэта робіцца для ягонага ж дабра.

А вось чорнае кацянятка ў той дзень адпыхкалася з мыцьцём раніцой, і таму, пакуль Алеся сядзела, стуліўшыся ў вялізным фатэлі, і мармытала сабе штосьці ў паўсьне, яно пачало валтузьню з клубком ваўнянае пражы, які перад тым Алеся спрабавала была зматаць. Кацяня ганяла й куляла той клубок узад і ўперад, пакуль зноўку не разматала яго й не раскідала па ўсім дыване ля каміна. І цяпер пасярод гэтай блытаніны чорнае кацяня ганялася за ўласным хвастом.

«Ах ты, гарэза малая!» закрычала Алеся, схапіўшы кацяня, і няшчыра яго пацалавала, даючы зразумець, што тое трапіла ў няласку. «Дарма Дзянка не навучыла цябе людзкім паводзінам! Дарма-дарма, Дзянка, сама ведаеш, што *дарма*!» дадала яна, зьвяртаючыся да коткі-маці зь як найстражэйшым дакорам. Пасьля дзяўчынка ўскараскалася назад у фатэль, прыхапіўшы з сабою кацянятка й пражу, і пачала змотваць клубок наноў. Але з гэтым яна не сьпяшалася, а ўвесь час балбатала—калі з кацяняткам, калі сама з сабою. Кацяня ціпком сядзела ў яе на каленях і рабіла выгляд, што назірае за змотваньнем ніткі, раз-пораз кранаючы клубок лапкаю, быццам чакала дазволу дапамагчы.

«А ведаеш, што ў нас будзе заўтра, Кіця?» спыталася Алеся. «Ты адгадала б, калі б вызірнула разам са мною ў акно—але ж Дзянка якраз мыла цябе, так што ты была занятая. Я назірала, як хлапчукі зьбіралі гальлё на вогнішча, а на вогнішча патрэбнае мора гальля, Кіця! Але ж было так зімна й валіў такі сьнег, што ім давялося сысьці. Не перажывай, Кіця, пойдзем мы заўтра з табою глядзець на вогнішча.» З гэтымі словамі Алеся двойчы-тройчы абкруціла кацянятку вакол шыі нітку—хацела зірнуць, як яму будзе пасаваць. Тое тузанулася, і клубок паляцеў на падлогу, пакідаючы за сабою мэтры а мэтры разматанае пражы.

«Каб ты ведала, ты дужа мяне ўгнявіла тым, што нарабіла, Кіця,» працягвала Алеся, як толькі яны зноўку ўтульна ўладкаваліся ў фатэлі. «Я ўжо зьбіралася адчыніць акно й вытурыць цябе на мароз! І так было б табе й трэба, гарэза ты малая! Што ты там сабе мармычаш? Зараз памаўчы,» узьняла яна ўгару палец, «а я буду пералічваць усе твае правіны. Нумар адзін: ты двойчы віскнула, калі Дзянка мыла табе тварык сёньня раніцой. Неаднеквайся, Кіця: я цябе чула! Што ты кажаш?» (Алеся прыкідвалася, быццам кацянятка нешта адказвае.) «Яна трапіла табе лапкай у вока? Ну дык *сама* вінаватая, што не заплюшчыла вочак. А вось каб жа заплюшчыла, такога б ня здарылася. Так, а цяпер ужо ніякіх адгаворак—слухай! Правіна нумар два: не пасьпела я наліць Сьнежцы малака, як ты адцягнула яе ад місачкі за хвост! Ах, кажаш, табе піць хацелася? А думаеш, ёй не хацелася? І, нарэшце, правіна нумар тры: як я адвярнулася, ты разматала ўсю чыста пражу!

«Вось твае тры грахі, Кіця, і ты ўсё яшчэ не пакараная за ніводзін зь іх. Гэта я прыберагаю да наступнай серады. А што калі і за *мае* правіны прыберагаюць расплату?» разважала дзяўчынка далей, зьвяртаючыся хутчэй сама да сябе, чым да кацяняці. «Што тады са мною зробяць пад канец году? Гэтак настане дзень, калі мяне пашлюць у астрог, як піць даць! Ці, скажам, каб за кожную правіну мяне пакідалі безь вячэры: тады ў дзень горкай расплаты я пайду спаць бяз цэлых пяцідзесяці вячэраў! Ну й хай сабе, няма чаго шкадаваць! Лепш пайсьці спаць бязь іх, чым столькі зьесьці!

«Чуеш, як сьняжынкі б’юцца аб шыбы, Кіця? Які мяккі, прыемны гук! Быццам хтосьці зацалоўвае акно звонку. Няўжо сьнег *любіць* дрэвы й палі, што іх так пяшчотна цалуе? А потым ён клапатліва захутвае іх у белую коўдру і шэпча, напэўна: „Сьпеце, мае любыя, да новага лета“. А калі ўлетку яны прачынаюцца, Кіця, яны ўбіраюцца ў зялёнае й танчаць з кожным подыхам ветру—во дзе любата!» усклікнула Алеся і запляскала ў ладкі, выпусьціўшы з рук клубок пражы. «*От* каб сапраўды так было! Па-мойму, калі лісьце ўвосень цямнее, лесу яўна хочацца спаць.

«Кіця, а ты ўмееш гуляць у шахматы? Нічога сьмешнага, даражэнькая, я сур’ёзна пытаюся. Таму што калі мы кагадзе гулялі ў шахматы, ты так пазірала, нібыта ў іх разьбіраесься, а калі я сказала „шах!“, ты завуркатала! Што казаць, гэта *напраўду* быў бліскучы шах, Кіця, і я бадай жа выйграла б, каб ня той нахабны Вершнік, што кінуўся пятляць між маіх фігураў. Кіця, любенькая, давай гуляць, быццам—» Хацеў бы я магчы пераказаць вам тут прынамсі палову рэчаў, якія ў Алесі звычайна пачыналіся зь яе ўлюбёнага выразу «давай гуляць, быццам—» Акурат за дзень да гэтага яна досыць доўга спрачалася зь сястрою—і ўсё праз тое, што Алеся прапанавала: «Давай гуляць, быццам мы каралі й каралевы.» Сястра, вялікая аматарка дакладнасьці, запярэчыла, што яны ня могуць быць каралямі й каралевамі, бо іх толькі дзьве, і Алеся нарэшце мусіла саступіць: «Тады *ты* можаш быць кім-небудзь адным, а *я* буду ўсімі астатнімі.» А іншага разу яна не на жарт напалохала сваю старую няньку, зьнянацку крыкнуўшы ёй у вуха: «Няня! Давай гуляць, быццам я галодная гіена, а ты—костка!»

Але мы занадта адхіляемся ад Алесінай размовы з кацянём. «Кіця, а давай гуляць, быццам ты Чырвоная Каралева! Ведаеш, калі б ты села й склала лапкі, дык па-мойму рыхтык была б каралева! Ну паспрабуй, любачка!» І з гэтымі словамі Алеся ўзяла са стала Чырвоную Каралеву й паставіла яе перад кацяняткам як узор для пераймадьня. Тым ня менш посьпех у пераймадьні быў невялікі, перадусім таму, палічыла Алеся, што кацяня ўпарта не хацела складаць лапак як сьлед. Тады, каб пакараць Кіцю, Алеся ўзяла яе да люстра—хай бачыць, якая яна недарэка. «Бо як што ў цябе ўсё выходзіць навыварат,» дадала дзяўчынка, «я закіну цябе на адваротны бок, у Люстраны дом. Як *гэта* табе спадабаецца?

«А зараз, калі ты будзеш уважліва слухаць і не перабіваць, я раскажу табе, як я ўяўляю Люстраны дом. Найперш на тым баку люстра мы бачым пакой—зусім як наш салён для маляваньня, хіба толькі там усё наадварот. Калі залезьці на крэсла, пакой будзе відаць цалкам—з выняткам таго, што захіляе камін. О! Мне так хацелася б убачыць *тое,* чаго не відаць! Вось цікава, ці паляць яны ўзімку камін: вядома ж, гэтага *ня скажаш* з пэўнасьцю, пакуль наш камін не задыміць і дым ня зьявіцца ў іхнім пакоі. Але гэта яшчэ ня значыла б, што ў іх там таксама агонь—мо, у іх адно курыць, а не гарыць. Што да кніжак, то яны там амаль як нашыя, толькі што словы ідуць у адваротным кірунку. *Тут* я пэўная, бо калі я паказала была адну з нашых кніжак у люстра, адтуль мне ў адказ паказалі іхнюю.

«Як табе ідэя пажыць у Люстраным доме, Кіця? Цікава, ці давалі б табе там малако? А можа, люстранога малака лепш ня піць, але—о, Кіця!—мы набліжаемся да калідору! Ільга зазірнуць толькі ў *кавалачак* калідору Люстранога дому, калі ў салён для маляваньня шырока адчыніць дзьверы: наколькі хапае майго вока, Люстраны калідор вельмі падобны да нашага, хіба што там далей ён мог бы розьніцца. О, Кіця, як файна было б апынуцца ў Люстраным доме! Я ўпэўненая, што ў ім ёсьць такія, ну такія прыгожыя рэчы! Давай гуляць, быццам нейкім чынам можна трапіць на той бок люстра, Кіця! Быццам люстра зрабілася падаўкім, маўляў павалока, каб мы маглі прайсьці скрозь яго. Ты глядзі, яно напраўду ператвараецца ў нейкую смугу! Гэтак трапіць на той бок будзе вельмі лёгка—» Гэта Алеся ўжо сказала на камінай паліцы перад люстрам, хоць сама, бадай, і ня ведала, як там апынулася. А люстра і *насамрэч* пачало расплывацца, акурат як бліскучы срэбны туман.

У наступнае імгненьне Алеся ўжо была на тым баку люстра й спрытна саскочыла з каміна ў Люстраны пакой. Першым чынам яна не магла ня глянуць, ці гарыць там у каміне, і вельмі ўсьцешылася, калі ўбачыла, што ў ім палае

сапраўдны агонь, такі ж зыркі, як той, што застаўся ў яе дома. «Так што тут мне будзе цёпла, як і ў нашым пакоі,» падумала Алеся, «праўду кажучы, нават цяплей, бо тут няма каму ганяць мяне ад агню. О, як будзе вясёла, калі мяне ўбачаць у люстры, а дастаць ня змогуць!»

Яна пачала азірацца вакол і прыкмеціла: усё тое, што яна бачыла яшчэ з свайго пакою,—даволі звычайнае й нецікавае, а вось усё астатняе—такое, што цікавейшага не прыдумаць. Напрыклад, усе карціны на сьцяне каля каміна былі жывыя, і нават гадзіньнік на каміннай паліцы (вядома ж, кагадзе ў люстры ён быў відаць толькі ззаду) меў старэчы твар і шырока ўсьміхаўся Алесі.

«У іх тут ня так чыста, як у нас,» зазначыла сабе дзяўчынка, заўважыўшы між крышынак вугольля перад камінам некалькі шахматных фігурак. Тут яна ў зьдзіўленьні выгукнула «ой!» і ўкленчыла, каб да іх прыгледзецца. Шахматныя фігуркі хадзілі парамі туды-сюды!

«Вось Чырвоны Кароль і Чырвоная Каралева,» сказала Алеся (шэптам, каб крый бог іх ня спудзіць). «А вунь Белы Кароль зь Белаю Каралевай уселіся на краі шуфліка, а там і дзьве туры шпацыруюць, узяўшыся за рукі—наўрад ці яны мяне чуюць,» працягвала яна, наблізіўшы тварык да іх, «а бадай што і ня бачаць. У мяне чамусьці адчуваньне, што я раблюся невідочнай—»

Тут Алеся пачула за сьпінаю нейкі віск, павярнулася на яго і ўбачыла, як адна зь белых пешак пакацілася па стале, дрыгаючы нагамі. Гледзячы на яе, Алеся не магла дачакацца, што будзе далей.

«Гэта галосіць маё дзіцятка!» закрычала Белая Каралева й кінулася да пешкі, так рэзка адштурхнуўшы Караля, што той грымнуўся ў вугольле на падлозе. «Мая залатая Лілеечка! Мая манаршая крывінка, мой каток!» залямантавала яна й пачала імкліва караскацца па камінных кратах угору.

«Манаршая дурата!» прамовіў Кароль, чухаючы нос, які пацярпеў ад падзеньня. Кароль меў права *трошкі* злавацца на Каралеву, таму што з ног да галавы выкачаўся ў попеле.

Алесі карцела ўзяць у гэтым усім нейкі чынны ўдзел, і, убачыўшы, што маленькая Лілея ледзь не заходзіцца ад крыку, дзяўчо порсьценька схапіла Каралеву й паставіла яе на стол побач зь ейнай румзай-дачушкай.

Запыханая Каралева мусіла прысесьці: ад такога хуткага паветранага падарожжа ёй заняло дых, і якую хвіліну ці дзьве яна сядзела моўчкі й толькі сьціскала ў абдоймах Лілейку. Троху аддыхаўшыся, Каралева крыкнула Беламу Каралю, які паныла сядзеў у гурбе попелу: «Сьцеражыся вулькана!»

«Якога вулькана?» ня ўцяміў Кароль і занепакоена зірнуў у агонь, быццам думаў, што вывяржэньня хутчэй за ўсё трэба чакаць адтуль.

«Які—мяне—падкінуў,» прастагнала ўсё яшчэ задыханая Каралева. «Падымайся сюды—толькі звычайным шляхам—а не падкідным, як дурань!»

Алеся паназірала, як Белы Кароль паступова агорвае краты, папярэчыну за папярэчынаю, і ўрэшце ня вытрымала: «Ну, такім тэмпам вы будзеце дабірацца да стала гадзіны а гадзіны. Лепш я вам дапамагу, ня лічыце?» Аднак Кароль не зьвярнуў ніякай увагі на яе пытаньне: было ясна, што ён ня чуе й ня бачыць Алесі.

Тады Алеся вельмі асьцярожна ўзяла яго й перанесла на стол, але ня так імкліва, як Каралеву, каб Каралю не давялося так доўга аддыхвацца. Але перад тым ёй здалося, што варта было б яшчэ яго крышку абадзьмуць, бо Кароль увесь быў пакрыты попелам.

Пазьней яна казала, што ў жыцьці ня бачыла такой грымасы, як у Караля, калі той, узяты нябачнай яму рукою, апынуўся ў паветры: ад крайняй агаломшанасьці ў яго заняло крык, затое вочы й рот рабіліся ўсё шырэйшыя й круглейшыя—як тут было не засьмяяцца? Алесіна рука затрымцела так, што ледзь ня выпусьціла Караля на падлогу.

«О! Вельмі вас прашу, не крыўляйцеся так, даражэнькі!» усклікнула дзяўчынка, забыўшыся на тое, што Кароль яе ня чуе. «Вы мяне так насьмяшылі, што я ледзь вас утрымала! І прыкрыйце хоць крышку рот! А то ўвесь попел у ім апынецца. Так, цяпер, як на мяне, вы чысьцюткі!» дадала яна, папраўіўшы ягоныя валасы, і паставіла яго на стол побач з Каралеваю.

Кароль тут жа ўпаў на сьпіну й нейкі час ляжаў нішчачкам і не варушыўся. Алеся нават крыху занепакоілася, ці не зрабіла яму чаго, і абышла ўвесь пакой у пошуках шклянкі вады, якую зьбіралася выплёснуць на Караля. Аднак жа ў пакоі знайшоўся толькі флякон атраманту, а калі Алеся вярнулася зь ім да стала, то ўбачыла, што Кароль ужо ачуняў і перашэптваецца з Каралеваю пацішэлым ад страху голасам, якога Алесі было амаль не чуваць.

Кароль шапянуў Каралеве: «Павер, дарагая, што я пахаладзеў да самых кончыкаў вусоў!»

На што Каралева адказала: «У цябе ж няма вусоў.»

«На тое жахлівае імгненьне,» працягваў Кароль, «я не забудуся ніколі, *ніколі* ў жыцьці!»

«Забудзесься, як заўжды,» запярэчыла Каралева, «калі не складзеш пра яго памяткі.»

Алеся назірала далей зь яшчэ большай цікаўнасьцю, бо Кароль выцягнуў з сваёй кішэні агромністую памятную кнігу і пачаў у ёй пісаць. Нечаканая думка прыйшла дзяўчынцы ў галаву: яна ўзяла аловак за канец, што вытыркаўся ў Караля над плячом, і пачала пісаць замест яго.

Зьбіты з панталыку, небарака Кароль выглядаў жаласна. Нейкі час ён спрабаваў моўчкі змагацца з алоўкам, аднак, не даючы рады з Алесяю, нарэшце прапыхкаў: «Дарагая! Мне проста *неабходна* прыдбаць танчэйшы аловак. Гэтым я не валодаю ані крышку: ён піша абы што, толькі ня тое, што я маю на ўвазе—»

«Што за абы што?» спыталася Каралева, зазіраючы ў кнігу (у якой Алеся напісала: *«Белы Вершнік зъяжджае па качарэжцы. Ён вельмі блага трымае раўнавагу»*). «Гэтая памятка *тваіх* пачуцьцяў ня тычыцца!»

Пад рукою ў Алесі на стале ляжала кніга, і, назіраючы адным вокам за Белым Каралём (яна ўсё яшчэ крыху непакоілася за яго й была гатовая ў любы момант вывернуць на яго атрамант, калі б ён ізноў страціў прытомнасьць), дзяўчынка пачала яе гартаць у пошуках якога-небудзь чытэльнага ўрыўка. «А то нешта ўся яна напісаная нейкай невядомай моваю,» зацеміла ў думках Алеся.

Вось што было ў кнізе:

Жабавокі

Упоўдне рысы барзюкі
Сьвярбяху ў напе а крыўляху,
Сычаша птах, і мертвакі
Ўва горбех верашчаху.

Некаторы час Алеся ламала над гэтым галаву, аж пакуль цудоўная ідэя не напаткала яе: «Га, дык гэта ж Люстраная кніга, вядома ж! І калі я паднясу яе да люстра, то ўсе словы ізноў павернуцца, як трэба.»

І вось які верш яна прачытала:

Жабавокі[2]

Упоўдне рысы барзюкі
Сьвярбяху ў напе а крыўляху,
Сычаша птах, і мертвакі
Ўва горбех верашчаху.

«Гатуйся, сыне,—Жабавок
Зь Дзюбдзюбам, драпны а кусьлівы!
Час, дабы зь піхваў ты валок
Свой Крывасек жлухлівы!»

Узяўшы ў пясьць вяшчарны меч,
Шманаў ваяр зьмяюку там і
Сям, ажна сам пачаўша цеч
Размысьляй па Тамтаме.

Стаяў ён расьпярэджан се,
А тут ня ў знакі—чуйны скокі!
З дубровы сам сябе нясе
Пачмурны Жабавокі!

Іду на вы! Галоў далоў
Жалудны меч баржджэй стрыгаша!
Страхот гатоў—і стрымгалоў
Дамоў асілак бяша.

«Дзе Жабавокі? Убіен?
Падзі да рук мая, о чада!
О, жарсны дзень! О, гласны дзенъ!»
Пяе зрадзіцель рада.

Упоўдне рысы барзюкі
Сьвярбяху ў напе а крыўляху,
Сычаша птах, і мертвакі
Ўва горбех верашчаху.

«Па-мойму, гэта вельмі прыгожы верш,» сказала Алеся, дачытаўшы, «але *цяжкаваты* для разуменьня!» (Як бачыце, ёй не хацелася прызнацца, нават сабе самой, што яна ня ўцяміла ў ім ні каліва.) «Ад гэтага вершу мая галава поўніцца рознымі ўявамі—вось толькі не магу дакладна сказаць, што гэта за ўявы! Так ці іначай, *хтосьці* забіў *кагосьці*: прынамсі гэта ясна—»

«Але ж!» хапілася Алеся, раптоўна ўскочыўшы. «Калі я не пасьпяшаюся, мне давядзецца вяртацца назад скрозь люстра, так і не пабачыўшы рэшты Люстранога дому! Зірнем спачатку, які ў ім сад!» Зараз жа яна пакінула пакой і пабегла ўніз па сходах. Або, дакладней, не зусім пабегла, а скарыстала свой новы спосаб хуткага й лёгкага спуску зь лесьвіцы, як яна яго назвала. Дакранаючыся да парэнчаў толькі кончыкамі пальцаў, яна бязважка зьляцела ўніз і пры гэтым нават не даткнулася нагамі прыступак. Потым яна праплыла скрозь сенцы і магла б гэтаксама мінуць і дзьверы, калі б толькі не зачапілася была за вушак. Да таго ж ёй ужо зрабілася крыху млосна ад лунаньня ў паветры, таму яна была нават радая пахадзіць па зямлі, як звычайна.

Разьдзел II

Сад жывых кветак

«Я ўбачу сад значна лепей,» сказала сабе Алеся, «калі падымуся на вяршыню вунь таго пагорку. А вось і сьцяжынка, што вядзе проста да яго—згода, не зусім *проста*,» дадала яна пасьля таго, як прайшла сьцежкаю некалькі крокаў, ці не на кожным зь якіх яе чакаў рэзкі паварот. «Але мяркую, што ўрэшце я па ёй туды дайду! Як жа нязвыкла выгінаецца гэтая сьцежка! Гэта хутчэй нейкі гляйсар, а ня сьцежка! Ну, за *гэтым* паваротам павінен ужо быць пагорак—а вось і не павінен! Цяпер я кіруюся проста назад, да дому! Ну што ж, тады паспрабую пайсьці ў процілеглы бок.»

Так Алеся й зрабіла: толькі куды б яна ні ішла, куды б ні паварочвала, заўсёды вярталася назад да дому, няма рады. На адным з асабліва рэзкіх паваротаў яна нават ледзь не апынулася з разгону нос у нос з домам.

«І не прасі,» сказала Алеся, пазіраючы на дом так, быццам той яе ў нечым пераконваў. «Да часу я *не* зьбіраюся зноў у цябе заходзіць. Я ведаю, што ў такім разе мне давядзецца зноў вярнуцца на свой бок люстра, у свой пакой—і тады канец усім маім прыгодам!»

І, рашуча павярнуўшыся да дому сьпінай, яна зноўку рушыла па сьцежцы, гатовая праставаць па ёй так доўга, пакуль не дасягне пагорку. Колькі хвілінаў усё было ў парадку, і толькі яна хацела сказаць «гэтым разам я *ўжо* дамагуся свайго—» як сьцежка зь нічога ніякага страпянулася (апавядала пасьля Алеся), сама сабою павярнулася, і ў наступны момант дзяўчынка ўжо зноў пераступала парог.

«Ну што гэта такое!» ускрыкнула яна. «Яшчэ ніколі я ня бачыла дому, што ўвесь час паўстае ўпоперак дарогі! Ніколі!»

Але ж пагорак быў перад ёю як на далоні, і Алесі нічога не заставалася, як толькі тупаць да яго зноў. Гэтым разам па дарозе ёй трапіўся вялікі, абсаджаны па краёх рамонкамі кветнік, пасярэдзіне якога расла вярба.

«О, Лілея Тыгравая!» зьвярнулася Алеся да адной з кветак, што грацыёзна калыхалася ў ветрыку. «*Як* шкада, што вы не размаўляеце!»

«Мы *размаўляем*,» азвалася Лілея Тыгравая, «было б з кім.»

Алеся ажно здранцьвела й якую хвіліну не магла вымавіць ані слова: здавалася, Лілея яе папросту агаломшыла. Як што Лілея Тыгравая нічога больш не казала, а толькі калыхалася, то праз нейкі час Алеся зноў зьвярнулася да яе, ужо цішэй, амаль шэптам: «Няўжо *ўсе* кветкі ўмеюць размаўляць?»

«Ня горш за *цябе*,» запэўніла Лілея Тыгровая. «Дый нашмат больш гучна.»

«Мы ж першымі гутаркі не пачынаем, бо гэта нянетла,» прамовіла тут Ружа, «таму я ўсё чакала: загаворыш ты ці не? Кажу сабе: „Мяркуючы з твару, хоць і дурнаватага, *жменька* розуму ў ёй павінна быць!“ Але прынамсі колер у цябе адпаведны, а гэта ўжо ня так і мала.»

«Пры чым тут колер,» не пагадзілася Лілея Тыгравая. «Вось каб ейныя пялёсткі былі крыху больш закручаныя, то ўсё ў яе было б як трэба.»

Алесі не падабалася, што яе крытыкуюць, таму яна пачала засыпаць кветкі пытаньнямі: «А вам ня боязна часам расьці пад голым небам, дзе вас няма каму даглядаць?»

«Пасярэдзіне клюмбы расьце дрэва,» зьвярнула ўвагу Ружа. «Для чаго іншага, па-твойму, яно тут патрэбнае?»

«Толькі што яно магло б зрабіць у выпадку небясьпекі?» засумнявалася Алеся.

«Загалёкаць,» адказала Ружа.

«Яно галёкае: „Гальлё! Гальлё!“,» пракрычаў Рамонак. «Таму яго галіны й называюцца гальлём!»

«Ты што, *гэтага* ня ведала?» завершчаў другі Рамонак. І тут кветкі пачалі крычаць усе разам, пакуль усё паветра не напоўнілася іхнымі віскліўвымі галаскамі. «Маўчэце вы!» зараўла Лілея Тыгравая, штосілы гайдаючыся з боку ў бок, узрушаная да дрыжыкаў. «Яны ведаюць, што я не магу да іх дацягнуцца!» прастагнала яна, павярнуўшы да Алесі сваю трапяткую галоўку. «Іначай яны б не наважыліся так гарлаць!»

«Не хвалюйцеся!» супакоіла яе Алеся і, схіліўшыся да рамонкаў, што акурат зноў пачыналі лямантаваць, прашаптала: «Калі вы зараз жа ня сьціхнеце, я вас пазрываю!»

Імгненна запанавала ціша, а некалькі чырвоных гвазьдзікоў нават пабялела.

«Так ім і трэба!» заявіла Лілея Тыгравая. «Гвазьдзікі й рамонкі найгоршыя з усіх. Варта аднаму зь іх нешта сказаць, як яны ўсе пачынаюць гаманіць наперабой, а гэтага даволі, каб у вас пачэзьлі пялёсткі ад іхнага галасу!»

«Адкуль вы ўсе ўмееце так прыгожа размаўляць?» спыталася Алеся, спадзеючыся палепшыць Лілеі настрой кампліментам. «Я была шмат у якіх садох, але ні ў водным кветкі не размаўлялі.»

«Прыкладзі руку да зямлі і памацай глебу,» падказала Лілея Тыгравая. «Тады сама зразумееш, адкуль.»

Алеся так і зрабіла. «Дзірван вельмі цьвёрды,» заўважыла яна, «але не разумею, як гэта тычыцца мовы.»

«У большасьці садоў,» патлумачыла Лілея Тыгравая, «дзірван сьцелюць мяккі, як дыван, таму там кветкі ўвесь час сонныя.»[3]

Гэта гучала праўдападобна, і Алеся ўзрадавалася, што ўрэшце ўведала прычыну маўчаньня кветак. «Ніколі б раней не падумала!» прызналася яна.

«А *я* і казала, што ты *наагул* ніколі ня думаеш,» даволі зьедліва прамовіла Ружа.

«У жыцьці ня бачыла нікога з выгляду тупейшага за цябе,» падтрымала раптам Фіялка, якая дагэтуль не падавала голасу, і Алеся ад нечаканасьці ажно падскочыла.

«*Ты* б ужо маўчала!» крыкнула Лілея Тыгравая. «Можна падумаць, што *ты* наагул каго бачыла! Ты затуляеш галаву сваімі лісткамі й там сабе храпеш, а пра тое, што дзеецца ў сьвеце, ведаеш ня больш за бутон!»

«А ці ёсьць у садзе людзі, апроч мяне?» пацікавілася Алеся ў Ружы, прапусьціўшы міма вушэй ейную апошнюю заўвагу.

«У садзе ёсьць яшчэ адна кветка, што ўмее рухацца гэтаксама, як ты,» адказала Ружа. «Цікава, як гэта ў вас так атрымліваецца?» («Усё табе цікава,» уставіла Лілея Тыгравая.) «Хіба толькі тая кветка больш разгалістая за цябе.»

«Дык яна падобная да мяне?» ажывілася Алеся, бо ў яе мільганула думка: «Недзе ў садзе ёсьць яшчэ адна маленькая дзяўчынка!»

«Ну, постаць ейная такая самая пачварная, як твая,» сказала Ружа, «але сама яна крыху чырванейшая, і пялёсткі ў яе бадай карацейшыя.»

«Яны ў яе як у вяргіні,» зазначыла Лілея Тыгравая, «а не такія раскрытыя і ўскудлачаныя, як твае.»

«Але што *ты* ўжо тут зробіш,» спагадна дадала Ружа. «Вядома, ты ўжо чэзьнеш, і тваё суквецьце блякне, само сабой.»

Алесі зусім не спадабалася гэтая думка, таму, каб зьмяніць тэму, яна папыталася: «А ці завітвае да вас калі гэтая кветка?»

«Мне здаецца, ты хутка яе пабачыш,» запэўніла яе Ружа. «Яна належыць да дзевяцікалючкавых.»

«А дзе ў яе тыя калючкі?» удакладніла цікаўная Алеся.

«На галоўцы, дзе ж яшчэ,» адказала Ружа. «Я сама зьдзівілася, што ў *цябе* няма калючак. Я думала, што ў вас гэта агульная завядзёнка.»

«Яна ўжо ідзе!» закрычала Шыпшына. «Я чую, як яна шорхае—шорх-шорх—па сьцежцы, пасыпанай жвірам!»

Алеся жвава азірнулася вакол і ўгледзела Чырвоную Каралеву. «Нішто сабе вырасла!» адразу выгукнула дзяўчынка. Каралева напраўду вырасла: калі Алеся ўпершыню пабачыла яе ў гурбе попелу, тая была ўсяго трох цаляў росту, а цяпер зрабілася на паўгалавы вышэйшая за саму Алесю!

«Гэта ўсё сьвежае паветра,» паясьніла Ружа. «Тут, на дварэ, надзвычай цудоўнае паветра.»

«Пайду я, напэўна, ёй насустрач,» пастанавіла Алеся, бо, хоць з кветкамі ёй было даволі цікава, яна прадчувала, што пагутарыць з сапраўднай Каралеваю будзе ўсё-такі больш здораўска.

«Што ты, гэтак ня пойдзе,» папярэдзіла яе Ружа. «*Я* б табе параіла пайсьці ў зусім адваротны бок.»

Гэта здалося Алесі бязглузьдзіцай, але яна нічога не адказала й зараз жа скіравалася да Чырвонае Каралевы. На Алесіна зьдзіўленьне, тая тут жа зьнікла з вачэй, і Алеся зноў апынулася на парозе дому.

Крыху расьцьвеленая, дзяўчынка павярнула назад і, павыглядаўшы дзе толькі льга Чырвоную Каралеву (якую яна ўсё-такі высачыла недзе ўдалечы), пагадзілася выпрабаваць гэтым разам плян Ружы, то бок пайсьці ў адваротны бок.

Плян спрацаваў цудоўна. Не пасьпела яна пратупаць якую хвіліну, як сутыкнулася твар у твар з Чырвонаю Каралевай акурат перад самым пагоркам, да якога так доўга не магла лучыць.

«Ты адкуль?» спыталася ў яе Чырвоная Каралева. «І куды кіруесься? Глядзі мне ў вочы, адказвай ветла і не круці ўвесь час пальцамі.»

Алеся выслухала ўсе гэтыя заўвагі ды як найлепей патлумачыла Каралеве, наколькі змагла, што трапіла сюды сваім ходам і заблукала.

«Ня ведаю, што ты маеш на ўвазе пад *сваім* ходам,» сказала Каралева. «Хадзіць па навакольлі па-свойму магу толькі *я*. А зь якой пушчы ці з поля ты сюды прыйшла?» дадала яна больш ласкава. «Пакуль думаеш над адказам, пакланіся, каб зэканоміць час.»

Алеся крыху зьдзівілася з гэтай парады, але паверыла-такі Каралеве—надта ж яна яе пабойвалася. «Трэ будзе дома выпрабаваць, калі зноў буду не пасьпяваць на вячэру,» падумала дзяўчынка.

«Пара ўжо табе штосьці адказваць,» прамовіла Каралева, пазіраючы на свой гадзіньнік. «Як будзеш гаварыць, то адкрывай раток *трошачку* шырэй і не забывайся дадаваць „Вашая Вялікасьць“.»

«Я ўсяго толькі хацела паглядзець на сад, Вашая Вялікасьць—»

«Малайчынка,» пахваліла Каралева, гладзячы яе па валасох, што Алесі зусім не падабалася. «Хаця, калі шчыра, ну што гэта за „сад“? Вось *я* бачыла такія сады, у параўнаньні зь якімі гэты—дзікія зарасьці.»

Алеся не наважылася з гэтым не пагадзіцца, таму працягвала: «Дзеля гэтага я спрабавала трапіць на вяршыню гэтага пагорку—»

«Вось ты кажаш „пагорак“,» перапыніла яе Каралева, «а *я* магла б паказаць табе такія пагоркі, у параўнаньні зь якімі ты назвала б гэты роўнядзьдзю.»

«Я не называла б яго „роўнядзьдзю“,» сказала Алеся, сама зьдзіўленая тым, што ўрэшце насьмельваецца пярэчыць, «бо пагорак *ня можа* быць роўны, гэта ж ясна. Што за бязглузьдзіца—»

Чырвоная Каралева пакруціла галавою. «Можаш лічыць гэта „бязглузьдзіцаю“, калі так хочаш,» дапусьціла яна, «але *я* ў сваім жыцьці чула такую бязглузьдзіцу, у параўнаньні зь якой гэтая—проста тлумачальны слоўнік!»

Алеся палічыла за найлепшае зноў пакланіцца, бо ў голасе Каралевы ёй пачулася *невялікая* крыўда. Пасьля гэтага яны рушылі да пагорку і маўчалі, пакуль не апынуліся на самым версе.

Некалькі хвілінаў Алеся ўсебакова аглядала наваколье, і ёй ажно заняло мову, бо наваколье тое было надта ж незвычайнае. З краю ў край яго праціналі некалькі танюткіх ручайкоў. Маленькія рады зялёных кусточкаў цягнуліся ад ручаю да ручаю і падзялялі палосы зямлі паміж імі на клеткі.

«Клянуся, гэты краявід разрысаваны рыхтык як вялізная шахматная дошка!» прамовіла нарэшце Алеся. «Тут яшчэ не хапае фігурак, якія б рухаліся па ім—а вунь і яны!» дадала яна радасна, і ад узрушэньня яе сэрца забілася хутчэй. «Ідзе агромністая шахматная партыя—на ўвесь сьвет—калі толькі *гэта* сапраўды сьвет, зразумела. О, як вясёла! *Як* мне хацелася б быць адной зь іх! Я б пагадзілася быць нават пешкаю, абы толькі далучыцца да гульні, хоць вядома, што мне *больш* падабалася б роля каралевы!»

З гэтымі словамі яна даволі нясьмела зірнула на сапраўдную Каралеву, аднак ейная спадарожніца толькі спагадліва ўсьміхнулася й сказала: «Няма нічога прасьцейшага. Калі хочаш, можаш быць белаю фэрзеваю пешкай, таму што Лілея да гульні яшчэ не дарасла. Пачынаеш проста тут, на Другім Полі, а калі дойдзеш да Восьмага, станеш каралеваю—» І тут яны бяз дай прычыны кінуліся некуды бегчы.

Калі Алеся згадвала пра гэта пазьней, то ніяк не магла прыпомніць самога моманту кіданьня. Усё, што ёй запамяталася,—гэта як яны беглі, трымаючыся за рукі, і Алеся ледзь пасьпявала за Каралеваю, так хутка тая неслася. Пры гэтым Каралева ўвесь час яе яшчэ і падганяла: «Хутчэй! Хутчэй!»—аднак Алеся адчувала, што *ня можа* хутчэй. Вось толькі ёй не ставала паветра, каб сказаць пра гэта Каралеве.

Найбольш дзіўным ува ўсім гэтым было тое, што дрэвы й навакольныя рэчы зусім не краналіся зь месцаў: як бы хутка Алеся з Каралеваю ні беглі, яны так і не прабеглі міма чагосьці. «Няўжо ж усе рэчы рухаюцца разам з намі?» думала бедная зьбянтэжаная Алеся. А Каралева, нібыта пачуўшы ейную думку, крыкнула: «Хутчэй! Бязь лішніх размоў!»

Ня тое каб Алеся мела намер заводзіць *размову*. Дзяўчынка баялася, што ніколі больш ня зможа гаварыць наагул—настолькі яна задыхалася. Але Каралева і не шманала: усё раўла «Хутчэй!» ды «Хутчэй!», цягнучы за сабою Алесю. «Мы ўжо блізка?» нарэшце здолела выціснуць зь сябе дзяўчо.

«Ані блізка!» адказала ёй Каралева. «Блізка было дзесяць хвілінаў таму! Хутчэй!» І яшчэ нейкі час яны беглі моўчкі, а вецер сьвістаў у Алесі ўвушшу і, як ёй здавалася, ледзь не зрываў валасоў зь яе галавы.

«Зараз! Зараз!» раўла Каралева. «Гані, гані!» І яны пабеглі так хутка, што стваралася ўражаньне, быццам яны сьлізгаюць у паветры, амаль не дакранаючыся да зямлі. А калі Алеся ўжо зусім зьнясілілася, яны раптам спыніліся, і дзяўчынка ўрэшце прысела, задыханая і самлелая.

Каралева абаперлася на дрэва й ласкава сказала: «Цяпер можаш крыху адпачыць.»

Алеся пазірала навокал у вялікім зьдзіве: «Такое адчуваньне, што за столькі часу мы не крануліся з-пад гэтага дрэва! Усё тое ж самае, як і дагэтуль!»

«Ясна, што тое самае,» згадзілася Каралева. «А як па-твойму павінна быць?»

«Ну, у *нашай* краіне,» сказала Алеся, усё яшчэ аддыхваючыся, «калі бегчы вельмі доўга й вельмі хутка, як вось мы, звычайна трапляеш у нейкае іншае месца.»

«Нейкая адсталая ў вас краіна!» выснавала Каралева. «Вось у *нас*, як бачыш, *табе* давялося бегчы з усяе моцы, каб застацца на тым самым месцы. А калі ты яшчэ й хочаш некуды трапіць, трэба бегаць як мінімум у два разы хутчэй!»

«Не, я нікуды не хачу, ня трэба!» запрасіла літасьці Алеся. «Мне і тут падабаецца, адно што мне горача і я хачу піць!»

«Я ведаю, чаго табе цяпер *падавай*!» зычліва сказала Каралева, вымаючы з кішэні маленькую скрынку. «Хочаш пірагу?»

Нягледзячы на тое, што Алесі хацелася зусім не пірагу, яна падумала, што сказаць «не» было б нясветліва. Таму яна ўзяла пачастунак і пачала есьці, наколькі гэта ўдавалася: пірог быў *вельмі* сухі, і яна ўпершыню ў жыцьці сур'ёзна забаялася, што ўдавіцца.

«Пакуль ты асьвяжаесься,» сказала Каралева, «пайду на прымерку.» Яна выцягнула з кішэні вымяральную стужку, дзе рыскамі былі пазначаныя цалі, і пачала мераць зямлю, утыкаючы дзе-нідзе маленькія калочкі.

«Праз два мэтры,» працягвала яна, уторкваючы ў зямлю калок, каб пазначыць адлегласьць, «я накірую цябе куды трэба. Яшчэ пірагу?»

«Не, дзякуй,» адмовілася Алеся, «аднаго *цалкам* дастаткова!»

«Смагу наталіла, спадзяюся?» пацікавілася Каралева.

Алеся ня ведала, што ёй на гэта сказаць. Балазе Каралева не чакала адказу й гаварыла далей: «Праз *тры* мэтры я яшчэ раз паўтару табе ўсё, каб ты не забылася. Праз *чатыры* мэтры мы разьвітаемся. А празь *пяць* мэтраў я сыду!»

Алеся зь вялікай цікаўнасьцю назірала, як Каралева, паўтыкаўшы ўсе калочкі, вярнулася да дрэва, а потым павольным крокам пайшла ўздоўж калкоў.

Каля калочка, які пазначаў два мэтры, яна павярнулася да Алесі й сказала: «Ты ж ведаеш, што першым ходам пешка мінае дзьве клеткі. Так што Трэцяе Поле ты перасячэш *вельмі* хутка—чыгункаю, я б сказала,—і адразу ж апынесься на Чацьвёртым Полі. Дык вось, *гэтае* поле належыць Цімтараму з Тамтарамам. Пятае Поле збольшага залітае вадою, Шостае належыць Яўпату Няўпаду—Але чаму ты нічога ня кажаш?»

«Я—я й ня ведала, што ўжо настала мая чарга гаварыць,» разгубілася Алеся.

«*Дарма* ты не сказала: „Дзякуй вам шчыры за вашыя падказкі“,» паўшчувала яе Каралева. «Ну, будзем лічыць, што ты мне падзякавала. Сёмае Поле спрэс зарасло лесам, але нехта зь вершнікаў пакажа табе дарогу. А на Восьмым Полі мы з табою ўжо сустрэнемся як каралевы ды будзем сьвяткаваць і баляваць!» Алеся ўстала, пакланілася Каралеве й зноўку ўселася на зямлю.

Ля наступнага калочка Каралева зноў павярнулася да яе й гэтым разам параіла: «Калі ня ведаеш назвы нейкай рэчы ў роднай мове, ужывай францускую, пры хадзе выварочвай наскі вонкі ды не забывайся, хто ты!» Гэтым разам яна не чакала, пакуль Алеся зробіць кніксэн, і жвава перайшла да наступнага калочка, дзе на момант павярнулася, сказала Алесі «Да пабачэньня,» а затым засьпяшалася да апошняга з калочкаў.

Для Алесі назаўжды засталося загадкаю, як так адбылося, што як толькі Каралева да яго наблізілася, дык адразу ж сышла—на нішто. Было немагчыма ўцяміць, ці то яна растала ў паветры, ці то бегма кінулася ў лес («А хутка бегаць яна *ўмее*!» не сумнявалася Алеся), але так ці іначай Каралевы нідзе не было. Тут Алеся згадала аб тым, што яна цяпер пешка і што памалу настае час яе першага ходу.

Разьдзел III

Люстраная жамяра

Вядома, перадусім трэ было зьбольшага азнаёміцца з краем, па якім яна зьбіралася вандраваць. «Гэта нагадвае мне заняткі з геаграфіі,» падумала Алеся, падымаючыся на дыбачкі ў спадзеве зазірнуць трошкі далей. «Найбуйнейшыя рэкі: няма тут *ніякіх* рэк. Найвышэйшыя горы: я стаю на адзінай тутэйшай гары, але ня думаю, што яна неяк называецца. Найбольшыя гарады—гэй, *што ж* гэта там унізе за стварэньні мёд зьбіраюць? Пчоламі яны быць ня могуць—ніхто ж яшчэ не разгледзеў пчалы за мілю—» На нейкі час дзяўчынка змоўкла, назіраючы за істотаю, што завіхалася сярод кветак, утыкаючы ў іх свой хабаток. «Як самая звычайная пчала,» здалося Алесі.

Але ж істота была далёка ня «самай звычайнай пчалою»: насамрэч, як хутка спраўдзіла Алеся, гэта быў слон, хоць гэтая думка напачатку падалася ёй неймавернаю. Наступнаю яе думкай было: «Якія ж агромністыя ў такім разе павінны быць тыя кветкі! Напэўна, штосьці накшталт хацін бяз стрэхаў, з прымацаванымі зьнізу сьцяблінамі. А колькі ж мёду зь іх можна сабраць! Бадай, я зараз туды спушчуся—не, лепей пастаю *пакуль што* тут.» Яна ўжо ледзь не пабегла долу па схіле пагорку, але передумала й цяпер спрабавала знайсьці нейкае апраўданьне сваёй раптоўнай нерашучасьці: «Лепей не спускацца да іх бяз добрага дубца, каб было іх чым ганяць. Во будзе сьмеху, калі ў мяне спытаюцца, ці ўпадабала я падарожжа. Я скажу: „О, упадабала—ня тое слова“,»—тут яна зрабіла галавою свой улюбёны рух, адкідаючы назад валасы,—«„толькі што было шмат пылу й вельмі горача, а сланы *ну проста* пчоламі ў вочы лезьлі!“[4]

«А пакуль лепей спушчуся з другога боку,» пастанавіла яна, крыху падумаўшы, «бо сланоў я магу наведаць і пазьней. *Надта* ж мне хочацца трапіць на Трэцяе Поле!»

З гэтаю адгаворкай, яна пабегла ўніз па схіле й пераскочыла празь першы з шасьці маленькіх ручаёў.

«Вашыя квіткі, калі ласка!» сказаў Кандуктар, прасоўваючы галаву ў акно. Усе, як бачыш, падаставалі квіткі. Пасажыры былі прыблізна чалавечага росту, і іх, здавалася, набраўся поўны вагон.

«Ну, годзе! Паказвай свой квіток, дзяўчынка!» скамандаваў Кандуктар, гняўліва пазіраючы на Алесю. І мноства галасоў сказала адначасна («Нібы падхапіўшы прыпеў нейкае песьні,» здалося Алесі): «Не прымушай яго чакаць, дзіцё! Ягоны час дарагі: адна хвіліна каштуе ажно тысячу дукатаў!»

«На жаль, у мяне няма квітка,» прызналася Алеся з страхам у голасе. «Там, дзе я сядала на цягнік, не было касы.» І тут жа хор галасоў азваўся зноўку: «Там, дзе яна сядала, няма месца пад будынак касы. Зямля там дарагая: адна цаля каштуе тысячу дукатаў!»

«Няма чаго апраўдвацца,» сказаў Кандуктар, «у такім разе ты мусіла купіць квіток у машыніста.» І зноўку хор галасоў дадаў: «У таго, хто вядзе паравоз. А пара ж дарагая: адзін толькі клуб каштуе тысячу дукатаў!»

«Які сэнс зь імі гаварыць,» падумала Алеся. *Гэтым* разам хор галасоў змаўчаў, бо яна нічога не сказала, але, на ейнае вялікае зьдзіўленьне, усе яны *падумалі* хорам (спадзяюся, вам зразумела, што азначае «падумаць хорам», бо *мне*, мушу прызнацца, не): «Лепш наагул нічога не кажы. Мова ж дарагая: адно слова каштуе тысячу дукатаў!»

«Сёньня ўначы я дакладна прысьню гэтую тысячу дукатаў, як піць даць!» сказала сабе Алеся.

Увесь гэты час Кандуктар разглядаў яе: спачатку ў тэлескоп, потым у мікраскоп і, нарэшце, у опэрны бінокль. Канец канцом ён сказаў: «Ты едзеш не туды,» зачыніў акенца й пайшоў сабе прэч.

«Такая маленькая дзяўчынка,» узяўся вучыць Алесю апрануты ў белую паперу спадар, што сядзеў насупраць, «мела б ведаць, куды яна едзе, хоць бы і ня ведала, як яе зваць!»

Казёл, які сядзеў побач з спадаром у белым, прымружыў вочы й гучна сказаў: «Яна мела б ведаць, дзе знаходзіцца білетная каса, хоць бы і ня ведала альфабэту!»

Побач з Казлом сядзеў Хрушч (наагул, у вагоне спрэс былі досыць дзіўныя пасажыры), а як што тутэйшай завядзёнкаю, выглядала, было прамаўляць па чарзе, то і *ён* дакінуў свае тры грошы: «Ёй давядзецца вяртацца пад выглядам багажу!»

Алеся ня бачыла, хто там сядзеў далей за Хрушчом, але наступным прагучаў нейчы дрыготкі голас: «Перасядзь на іншы цягнік—» пачаў той нехта, але зараз жа папярхнуўся й ня змог дагаварыць.

«Паводле голасу—гэта дрыгант,»[5] падумала сабе Алеся. А неймаверна танюткі галасок над ейным вухам прапішчаў: «Тут ты, дарэчы, магла б пажартаваць—нешта наконт „дрыганта“ і „дрыготкага“.»

Пасьля чаго нехта зусім зводдаль вельмі ласкава сказаў: «Тады, па-мойму, на яе трэба прыляпіць цэтлік „Рохкае“—»[6]

І тут галасы пачалі сыпаць прапановамі («Колькі ж народу ў гэтым вагоне!» зьдзівілася тады Алеся): «Яе трэба адправіць па пошце, у яе ж посны выгляд—Яе трэба паслаць тэлеграмаю—Хай сама цягне цягнік усю дарогу—», і гэтак далей.

Аднак апрануты ў белую паперу спадар нахіліўся да Алесі й прашаптаў ёй на вуха: «Не зьвяртай увагі, даражэнькая, хай плявузгаюць, але не забудзься на кожным прыпынку набываць сабе зваротны квіток.»

«Ня буду я нічога набываць!» ня вытрымала ўжо Алеся. «Я наагул выпадкова трапіла ў цягнік. Я нядаўна яшчэ была ў лесе й шкадую, што сюды ўлезла!»

«Ты, дарэчы, магла б зноў пажартаваць,» сказаў танюткі голас у яе пад вухам, «наконт „у лесе“ і „ўлезе“.»

«Адчапіся,» адрэзала Алеся, марна азіраючыся вакол у спробе вызначыць, адкуль гучыць голас. «Калі табе так хочацца жартаваць, чаму ты сам не пажартуеш?»

Танюткі голас глыбока ўздыхнуў. Яго ўладальнік быў відавочна *вельмі* расчараваны, і Алеся дакладна сказала б што-небудзь, каб яго супакоіць, «калі б ён прынамсі ўздыхнуў па-людзку!» дадала яна ў думках. Але ж уздых выйшаў настолькі слабы, што Алеся наагул магла нічога не пачуць, калі б той няшчасны нехта ня ўлез ёй у *самае* вуха, чым замест спачуваньня выклікаў у дзяўчынкі толькі казытаньне.

«Я ведаю, ты мне ня вораг,» сказаў ціхенькі галасок, «а сяброўка, блізкая й даўняя сяброўка. Ты ня будзеш мяне крыўдзіць, хоць я і *кузурка*.»

«А што за кузурка?» спыталася Алеся крыху занепакоена. Па шчырасьці, яна хацела даведацца, ці джаліць тая, ці не, але падумала, што ня вельмі ветліва пытацца пра гэта наўпрост.

«А, дык ты—» не пасьпеў прапішчаць галасок, як патануў у праніклівым віску паравоза, і ўсе, улучна з Алесяю, падскочылі ў пярэпалаху.

Дрыгант высунуў галаву ў акно, затым нясьпешна ўцягнуў яе назад і паведаміў: «Не бяды, проста трэба пераскочыць ручай.» Усе нібыта здаволіліся гэтым тлумачэньнем, хоць Алеся занэрвавалася ад самой думкі, што цягнік зьбіраецца празь нешта скакаць. «Прынамсі, так мы трапім на Чацьвёртае Поле. Ліха без дабра ня будзе!» сказала яна сабе. У наступны момант яна адчула, як вагон рэзка ўзьняўся ў паветра, і ў жаху ўчапілася за першую рэч, што трапілася ёй пад руку,—гэта была барада Казла.

Але барада, здалося, растала адразу ж, як толькі Алеся да яе дакранулася. Тут дзяўчынка ўбачыла, што сядзіць пад дрэвам, а па-над ёю, абмахваючы яе крыламі, гайдаецца на галінцы Камар—ён і быў той кузуркаю, зь якой яна кагадзе размаўляла.

Несумнеўна, Камар быў *залішне* вялікі. «Памерам з курыцу,» параўнала Алеся. І ўсё-такі ёй не было чаго баяцца пасьля такой працяглай гутаркі зь ім.

«—дык ты *наагул* ня любіш кузурак?» спакойна дакончыў фразу Камар, быццам нічога не зьмянілася.

«Такіх, што ўмеюць размаўляць, я люблю,» запэўніла яго Алеся. «*Нашыя* кузуркі дык зусім не размаўляюць.»

«А якія віды кузурак цешаць вока там, *у вас*?» пацікавіўся Камар.

«Мяне кузуркі зусім ня *цешаць*,» удакладніла Алеся, «бо я іх, хутчэй, баюся—прынамсі, вялікіх. Аднак я ведаю, як некаторыя зь іх называюцца.»

«То бок калі іх назавеш, яны адзываюцца на імя?» пракінуў Камар абыякава.

«Я пра такое і ня чула.»

«Навошта тады іх называць,» зьдзівіўся Камар, «калі яны не адзываюцца?»

«*Ім* гэта без патрэбы,» пагадзілася Алеся, «але, напэўна ж, іхнія назвы патрэбныя людзям, якія іх даюць. Інакш навошта рэчам імёны?»

«Што я ведаю,» прамовіў Камар. «Тут паблізу ёсьць лес, дзе рэчы ня маюць імёнаў—Але працягвай, ты хацела пералічыць вядомых табе кузурак. Не марнуй часу.»

«Значыць так, я ведаю коніка,» пачала Алеся пералік кузурак на пальцах.

«І я,» сказаў Камар. «Прыгледзься, і ў глыбіні хмызьняку ўбачыш Коніка-Гайдоніка. Ён увесь з драўніны, і, каб пераскочыць з галіны на галіну, яму трэба разгойдацца.»

«А чым ён харчуецца?» дужа зацікавілася Алеся.

«Дрэвавым сокам і пілавіньнем,» адказаў Камар. «Пералічвай далей.»

Алеся заінтрыгавана зірнула ўгору на Коніка-Гайдоніка й прыйшла да высновы, што яго, мусіць, нядаўна пафарбавалі: настолькі яскрава й ліпка ён выглядаў. Пасьля яна працягвала. «Яшчэ ў нас ёсьць аса.»

«Зірні на галіну па-над тваёй галавою,» прапанаваў Камар, «і пабачыш Асалоду. Яе цела зь сьлівавага пудынгу, крылы—зь лісьцяў вастралісту, а замест галавы ў яе—разынка, намочаная ў падпаленай гарэлцы.»

«А яна чым харчуецца?» ізноў папыталася Алеся.

«Куцьцёю й мясным пірагом,» адказаў Камар, «а гняздо яна сабе ладзіць у скрынцы з калядными падарункамі.»

«А яшчэ ў нас ёсьць мятлік,» пералічвала далей Алеся, пасьля таго як нейкі час паназірала за Асалодаю, чыя галава была ахопленая полымем, і падумала: «Цікава, мо ў гэтым прычына таго, што кузуркі так любяць трапляць у полымя сьвечкі—ім проста карціць ператварыцца ў Асалоду!»

«Проста ў цябе пад нагамі,» сказаў Камар (Алеся пры гэтым стрывожана адступілася), «прыгледзься, поўзае

Сухамятлік. Яго крылы зробленыя з лусьцікаў, замест цела ў яго хлебная скарынка, а замест галавы—кавалак цукру.»

«А *ён* чым харчуецца?»

«Слабенькай гарбатаю зь вяршкамі.»

Чарговая няўвязка зьбянтэжыла Алесю: «А што, калі ён ня знойдзе паблізу гарбаты зь вяршкамі?»

«Тады ён, вядома ж, памрэ.»

«Але ў такім разе гэта павінна здарацца вельмі часта,» задуменна адзначыла Алеся.

«Гэта здараецца рэгулярна,» пацьвердзіў Камар.

Пасьля гэтага Алеся хвіліну ці дзьве ня ведала, што сказаць—была заглыбленая ў разважаньні. Камар прабавіў гэты час тым, што кружляў вакол ейнае галавы. Нарэшце ён перастаў лётаць і пацікавіўся: «Мяркую, табе ня хочацца страціць сваё імя?»

«Зусім ня хочацца,» сказала Алеся, крыху ўстурбаваўшыся.

«І ўсё-такі штосьці ў гэтым ёсьць,» працягваў Камар легкадумна, «толькі ўяві, як было б добра, калі б табе собіла вярнуцца дамоў бязь імені! Напрыклад, выхавацелька захоча паклікаць цябе зь ёю займацца: толькі яна гукне „Хадзіце сюды—“, як зараз жа змоўкне, бо ня мецьме як паклікаць цябе па імені, і тады табе, натуральна, не давядзецца ісьці на ўрок.»

«Ня ведаеце вы нашай выхавацелькі,» сказала Алеся. «Ёй ніколі б не прыйшло ў галаву вызваляць мяне ад заняткаў толькі праз гэта. Калі б яна забылася на маё імя, то магла б назваць мяне проста і „дзіцем“, як усе дарослыя.»

«Ну, калі б яна сказала „проста ідзіце“,» заўважыў Камар, «то ты й папраставала б сабе куды заўгодна, толькі не на заняткі. Ну, гэта я так пажартаваў. Дарма *ты* так не пажартавала.»

«Чаму *я* павінна была так жартаваць?» не зразумела Алеся. «Так жартаваць не дасьціпна.»

На гэта Камар толькі глыбока ўздыхнуў, і дзьве буйныя сьлязы пацяклі па ягоных шчоках.

«Можа, вам ня варта жартаваць,» сказала Алеся, «калі вам ад гэтага зусім не вясёла?»

Камар выдаў яшчэ адзін танюткі мэлянхалічны ўздых: выглядала, што гэтым разам ён зусім выдыхся, бо, калі Алеся ўзьняла вочы, на галінцы ўжо нікога не было. То яна ўстала сабе й пайшла прэч, пагатоў што ёй зрабілася халодна ад доўгага сядзеньня на месцы.

Неўзабаве яна выйшла ў адкрытае поле, на дальшым баку якога пачынаўся лес. Ён быў напмат цямнейшы й гусьцейшы за той, дзе Алеся пабывала раней, таму яна *амаль* забаялася туды ісьці. Але, падумаўшы, яна пастанавіла, што ўсё-такі пойдзе: маўляў, «*назад* не пайду нізавошта.» Да таго ж, шлях да Восьмага Поля вёў толькі наперад.

«Гэта, напэўна, той самы лес,» сказала яна сабе ў задуменьні, «дзе нішто ня мае імёнаў. Цікава, што станецца з *маім* імем, калі я туды траплю? Мне б зусім не хацелася яго страціць, таму што ў такім разе мне абавязкова дадуць новае імя—пэўна ж, якое-небудзь немілагучнае. Аднак тады цікава будзе адшукаць таго, каму дастанецца маё старое імя! Гэта як у абʼяўках, ведаеце, калі ў некага згубіцца сабачка: „*Адгукаецца на імя Рысачка,*[7] *носіць латунны аброжак*“. Толькі ўявеце сабе, зьвяртацца да кожнага сустрэчнага імем „Алеся“, пакуль нехта не адгукнецца! Хоць на іхным месцы я палічыла б за разумнейшае не адказваць.»

Гэтак сабе балбочучы, яна дасягнула лесу—той быў прахалодны й цяністы. «Ну, у кожным выпадку, пасьля такой гарачыні,» сказала Алеся, уваходзячы ў засень пад высознымі дрэвамі, «вельмі прыемна апынуцца ў такім—у *чым* такім?» Яна ажно зьдзівілася, што ня здольная прыпомніць патрэбнага слова. «Я маю на ўвазе, прыемна апынуцца пад—пад—пад вось *гэтым*, зразумела!» дакранулася яна да ствала. «Цікава, які ў *яго* саманазоў? Бо як на мяне, дык яно безназоўнае—Ну, так я і думала!»

Якую хвіліну дзяўчынка стаяла моўчкі й разважала, а потым ізноў не стрымалася: «А, дык значыцца гэта *ўсё-такі* адбылося! Чакайце, а хто я такая? Зараз згадаю, калі толькі змагу! Абавязкова згадаю!» Але ейная рашучасьць ня дужа ёй дапамагла, і пасьля працяглага гаданьня яна здолела сказаць толькі: «Л! Я *дакладна* пачынаюся з Л!»[8]

Тут якраз аднекуль выйшла Аленянё: яно зірнула на Алесю сваімі вялікімі ласкавымі вачыма—здавалася, яно зусім не баіцца. «Хадзі сюды! Хадзі!» паклікала яго Алеся й выцягнула руку, каб яго прылашчыць. Аднак Аленянё абачліва адышлося крышку назад і запынілася, пазіраючы на Алесю.

«Як цябе зваць?» спыталася ўрэшце Аленянё. У яго быў такі салодкі й прыемны галасок!

«Каб я толькі ведала!» падумала няшчасная Алеся й даволі маркотна адказала: «Акурат цяпер—ніяк.»

«Падумай яшчэ раз,» сказала Аленянё, «так не бывае.»

Алеся падумала, але бяз толку. «А скажыце мне калі ласка, як *вы* завяцеся?» папрасіла яна нерашуча. «Я думаю, мне б гэта трошкі дапамагло.»

«Скажу, але сьпярша крыху пройдзем,» адказала Аленянё. «*Тут* я не прыпомню.»

Алеся пяшчотна абняла Аленянё за шыю, і яны разам рушылі на ўскраек лесу, дзе пачыналася адкрытае поле. Тут Аленянё зьнянацку падскочыла й вырвалася з Алесіных абдымкаў. «Я Аленянё!» закрычала яно шчасна. «А ты, о божухна! Ты—чалавечанё!» Раптоўны спалох мільгануў у позірку яго прыгожых карых вачэй, і ў наступнае імгненьне Аленянё джганула што сілы прэч.

Алеся стаяла, гледзячы яму наўздагон, і ледзь ня плакала ад прыкрасьці, бо ейны мілы спадарожнік пакінуў яе так нечакана. «Як бы там ні было, цяпер я зноўку ведаю сваё імя,» сказала яна, «хоць *нейкае* суцяшэньне. Алеся—Алеся—Больш я яго не забуду. А цяпер вы мне скажэце, паводле каторага з паказальнікаў мне кіравацца далей?»

Пытаньне было ня вельмі складанае, бо церазь лес вяла толькі адна сьцяжына, каля якой стаялі два паказальнікі, і абодва накіроўвалі ў адзін бок. «Вызначуся на ростанях,» пастанавіла Алеся, «калі стрэлкі будуць паказваць у розныя напрамкі.»

Аднак непадобна было, каб напрамкі, у якія паказвалі стрэлкі, былі розныя. Алеся ішла й ішла вельмі доўга, аднак на кожных ростанях нязьменна стаялі два слупы з стрэлкамі ў тым самым кірунку. На адной стрэлцы заўжды было напісана «ДА ТАМТАРАМА», а на другой—«ДА ЦІМТАРАМА».

«Выглядае,» сказала нарэшце Алеся, «што яны жывуць *разам*! Як я толькі раней не здагадалася! Аднак я не магу ў іх доўга затрымлівацца. Зайду толькі пазнаёміцца і спытаюся ў іх, як выйсьці зь лесу. От каб пасьпець на Восьмае Поле да прыцемкаў!» Так яна ішла сабе, размаўляючы дарогаю сама з сабою, пакуль на адным рэзкім павароце не наткнулася на двух маленькіх чалавечкаў. Гэта адбылося так нечакана, што яна мімаволі адскочыла назад, але тут жа ўтаймавалася й здагадалася, што гэтыя два і ёсьць, як усім вядома нам,

Разьдзел IV

Тамтарам ды Цімтарам

Яны стаялі пад дрэвам, паклаўшы адзін аднаму руку на плячук, і Алеся адразу ж пазнала, хто зь іх хто, бо ў аднаго зь іх на каўняры было вышыта «ТАМ», а ў другога—«ЦІМ». «Думаю, што ззаду на каўнярох у абодвух вышыта „ТАРАМ“,» дапусьціла Алеся.

Чалавечкі стаялі так нерухома, што ажно падаліся ёй нежывымі. Толькі яна зьбіралася іх абысьці й паглядзець, ці напраўду ззаду ў іх напісана «ТАРАМ», як яе пералякаў голас аднаго зь іх—таго, які, паводле каўняра, зваўся «ТАМ»ам.

«Калі ты лічыш нас васковымі фігурамі,» сказаў ён, «тады ты, пэўна ж, мусіш заплаціць. Думаеш, васковыя фігуры робяцца для таго, каб на іх глядзелі задарма? Не сьмяшы!»

«І наадварот,» дадаў той, што быў пазначаны як «ЦІМ», «калі ты лічыш, што мы жывыя, то магла б нешта і сказаць.»

«Шчыра прашу ў вас прабачэньня,» толькі й змагла вымавіць Алеся, бо словы старой песенькі гулі ў яе галаве, як ціканьне гадзіньніка, і яна ледзьве стрымлівалася, каб не прамовіць іх уголас:—

«Да Цімтарама Тамтарам
Лез біцца—разабрацца,
Нашто бражджотку напалам
Зламаў той не па-брацку.

Ды крумкачыны ў вышыні
Лякнуліся малойцы
І так джганулі, што ані
Ня ўспомнілі аб бойцы».

«Я ведаю, што ты там сабе думаеш,» сказаў Тамтарам, «але гэта зусім ня так. Не сьмяшы!»

«І наадварот,» дадаў Цімтарам, «калі б так было, тады можа быць, але калі нічога не было, то й не магло быць, а як нечага няма, то й ня будзе. Гэта ж лягічна.»

«Я думала над тым,» прамовіла Алеся вельмі ветліва, «кудою мне лепей выйсьці з гэтага лесу: ужо робіцца вельмі цёмна. Ці ня зробіце вы мне ласкі, ці не падкажаце?»

Аднак два таўсьценькія чалавечкі толькі зірнулі адзін на аднаго і ўсьміхнуліся.

Яны настолькі былі падобныя да пары школьнікаў-пераросткаў, што Алеся ня вытрымала й паказала пальцам на Тамтарама, сказаўшы: «Першы хлопчык!»

«Не сьмяшы!» адрывіста выгукнуў Тамтарам і рэзка сьцяў вусны.

«Другі хлопчык!» сказала Алеся, паказваючы цяпер на Цімтарама, хоць ужо загадзя ведала, што ў адказ той пракрычыць толькі «Наадварот!» Так ён і зрабіў.

«Ты пачала няправільна!» закрычаў Тамтарам. «Калі ты прыйшла да некага ў пераведы, перш за ўсё ты павінна даць „дабрыдзень“ і паціснуць гаспадару руку!» Тут кожны з братоў ізноў паклаў адну руку на плячо другому, а вольную ад абдымкаў руку працягнуў Алесі.

Дзяўчынцы не хацелася нікому зь іх паціскаць руку першаму, каб не закрануць годнасьці другога, таму яна палічыла, што найлепш у такой сытуацыі падаць кожнаму зь іх па руцэ. Зараз жа ўсе трое пачалі вадзіць карагод і танчыць. Алеся ўспрыняла гэта як нешта натуральнае (як сама пасьля згадвала) і зусім не зьдзівілася, што аднекуль загучаў акампанэмэнт. Здавалася, музыка чулася з дрэва, пад якім яны танчылі, і яе выконвалі (наколькі магла разабраць Алеся) галіны, што церліся адна аб адну, быццам смыкі й скрыпкі.

«Але ведаю, што мне *дакладна* зрабілася сьмешна,» казала потым Алеся, апавядаючы сваёй сястры ўсю гэтую гісторыю, «калі я раптам пачула, што сьпяваю „*Каравай,*

каравай, каго хочаш, выбірай“. Я і не заўважыла, як пачала сьпяваць, але мне чамусьці здалося, што я сьпяваю гэтую песьню ўжо вельмі-вельмі доўга!»

Абодва браты-танцоры былі мажныя й хутка задыхаліся. «Прайшлі карагодам чатыры разы—для першага разу хопіць,» прапыхкаў Тамтарам, і блізьняты перасталі танчыць гэтак жа нечакана, як і пачалі. У той жа момант змоўкла й музыка.

Пасьля гэтага браты адпусьцілі Алесіны рукі й засталіся стаяць, пазіраючы на дзяўчынку цягам цэлай хвіліны. Паўза была даволі няёмкая, бо Алеся ня ведала, з чаго пачаць размову зь людзьмі, зь якімі пасьпела ўжо станчыць. «*Цяпер* ужо „дабрыдзень“ не дасі,» сказала яна сама сабе, «здаецца, вітаньні мы неяк пераскочылі!»

«Спадзяюся, вы ня вельмі стаміліся?» нарэшце пацікавілся яна.

«Не сьмяшы! *Шчыры* табе дзякуй, што спыталася,» расчуліўся Тамтарам.

«*Незямны* паклон табе за клопат!» падтрымаў яго Цімтарам. «Паэзію любіш?»

«Ну-у так, люблю—*сёе-тое* з паэзіі,» няўпэўнена адказала Алеся. «Дык вы не параіце, па якой дарозе я выйду зь лесу?»

«Што б мне ёй сякога-такога прадэклямаваць?» уголас задумаўся Цімтарам, пазіраючы на Тамтарама ўрачыстымі лупатымі вачыма, нібыта не пачуўшы Алесінага пытаньня.

«„*Пра Маржа і Цесьляра*“ будзе найдаўжэй,» параіў Тамтарам, сардэчна абдымаючы брата.

Цімтарам зараз жа пачаў:

«Палала сонца—»

Тут Алеся рызыкнула перапыніць яго. «Калі гэты верш *надта* даўгі,» сказала яна з усёй ветлівасьцю, на якую была здольная, «то ці не маглі б вы мне спачатку сказаць, па якой дарозе—»

Цімтарам ласкава ўсьміхнуўся й зноў завёў сваё:

«Палала сонца над вадой
Так зырка, як магло,
І хвалі морскія пад ім
Зіхцелі, быццам шкло—
У сонца лепшага ўначы
Занятку не было.

Тым часам месяц змрочна зъзяў,
Бо думкі быў такой,
Што сонцу тут няма чаго
Рабіць начной парой.
„Прыйсьці ды сапсаваць мне баль—
Нішто сабе герой!“

Вада вільготная была,
Ад сушы ўсохла суша.
У небе хмарак не плыло—
Іх не было таму што.
А што да птушак угары—
Ня лётала там птушак.

Морж зъ Цесьляром па беразе
Ішлі непадалёк
І наракалі голасна,
Што ўкол адзін пясок:
„Хай бы яго куды япичэ
Хто-небудзь адвалок!“

„Сем пакаёвак зь мётламі
Паўгода тут калі б
Мялі,“ Морж прапаноўвае,
„Што скажаш—падмялі б?“
„Наўрад ці,“ адказаў Цясьляр,
Стаіўшы горкі ўсхліп.

„О вустрыцы,“ гукае Морж,
„Мы клічам вас з сабой!
Хадзем, размову завядзем
Пад шапаткі прыбой.
Па дзьве рукі ў нас—чатырох
Нам хопіць з галавой!“

Старая Вустрыца тады
Як на Маржа зірне,
Ды як закруціць галавой,
Як падміргне: не-не,
Майляў, няма дурных ісьці—
Мне лепей тут, на дне.

Дзъве пары юных вустрыцаў
Тут выявілі шустрасъць:
Съвяточны ў іх настрой і строй,
Абутак неба люстрыць—
Што дзіўна, бо ніякіх ног
Няма спрадвеку ў вустрыц,—

І шусь на пляж, за імі зноў
Такі ж прыблізна шэраг,
І так далей—і ўсё мажней
Здаюцца па памерах:
Усе выскокваюць з вады
Ды сунуцца на бераг.

Морж адмахалі зъ Цесъляром
Яшчэ вярсту ці колькі,
А потым селі адпачыць
На камень невысокі—
А побач вустрыцы ў радку
Чакалі, рукі ў бокі.

„Пара,“ тут кажа Морж, „прыйшла
Пагутарыць нарэшце
Пра ўсё: капусту й каралёў,
Аб сургучы й агрэсъце,
Ці можа мора закіпець,
Съвіньня—на неба ўлезъці“.

„Чакайце!“, вустрыцы ў адказ,
„Аддыхаемся перш мы—
Таўстухаў многа сярод нас,
Хадзіць нязвыклых пешшу!
„Нам не гарыць!“, сказаў Цясьляр,
Чым вустрыцаў пацешыў.

„Нам хлеба бохан,“ кажа Морж,
„Спатрэбіцца ды перац,
Ды воцту лыжачку ці дзьве
Ня шкодзіла б адмерацъ.
Як адпачылі, вустрычкі—
Пачнем ужо вячэрацъ“.

Съсінелі з жаху вустрыцы:
„Пасьля такога шэсьця,
Пасьля ўсёй вашай дабрыні—
Нас нельга ўзяць і зъесьці!“
„Прыгожы від,“ на гэта Морж,
„І рамантычны дзесьці.

Як добра з вамі вечарком,
Як вы нам да спадобы!“
На што Цясьляр яму сказаў:
„Дай хлеба, цьвердалобы!
Я ўжо ня першы раз кажу—
Пяюць мае вантробы!“

„Падступны хітрык,“ кажа Морж,
„Няёмка неяк аж.
Яны ж за намі пехатой
Пратупалі ўвесь пляж!
На што Цясьляр сказаў адно:
„Танчэй лепш масла маж!“

„Шкада да сьлёз,“ прызнаўся Морж,
„Мне небарак-малюскаў,“
І пад уздыхі аддзяліў
Тлусьцейшых ад малюцькаў,
І твар насоўкай прыкрываў,
Калі іх з плачам лускаў.

„О вустрыцы,“ сказаў Цясьляр,
„Паклон за таварыства!
Па хатах?“ Вустрыц не чуваць
У цішыні ўрачыстай.
Ня дзіва, бо Цясьляр з Маржом
Зьнішчожылі ўсіх чыста!

«Мне больш спадабаўся Морж,» прызналася Алеся, «таму што яму хоць *крышку* было шкада бедных вустрыц.»

«Тым ня менш ён зьеў іх больш за Цесьляра,» зазначыў Цімтарам. «Морж прыкрываў ад Цесьляра твар насоўкаю не дарма, а каб той ня мог падлічыць, колькі вустрыц зьеў Морж: усё наадварот.»

«Які ж нягоднік!» абурылася Алеся. «Тады мне больш падабаецца Цясьляр—калі ён зьеў менш за Маржа.»

«Ён зьеў столькі, колькі ўлезла,» сказаў Тамтарам.

Алеся была зьбітая з панталыку. Пасьля нядоўгай паўзы яна абвясьціла: «Ну што ж! Тады яны *абодва*—добрыя героі!» На гэтых словах яна спынілася, напалоханая: аднекуль зблізку, зь лесу, пачуліся нейкія гукі, што нагадалі ёй пыхканьне вялізнага паравоза. Аднак Алеся збаялася, што гэта хутчэй нейкая дзікая жывёліна. «Тут у вас вядуцца якія-небудзь ільвы ці тыгры?» нерашуча спыталася яна.

«Гэта ўсяго толькі храп Чырвонага Караля,» паведаміў Цімтарам.

«Сама пайдзі ды паглядзі!» закрычалі браты на Алесю, ізноў узялі яе за рукі й падвялі да месца, дзе спаў Чырвоны Кароль.

«Ну, ці не *чароўна* ён выглядае?» замілаваўся Тамтарам.

Алеся, шчыра кажучы, думала іначай. Кароль, на якім быў вялікі чырвоны начны каўпак з кутасом, ляжаў стулены й гучна хроп, падобны да гурбы нейкага апшмоцьця. «Як толькі галава ў яго ад такога храпу не адарвецца!» зазначыў Тамтарам.

«Баюся, ён захварэе, лежачы на вільготнай траве,» устурбавалася Алеся. Яна была вельмі клапатлівая дзяўчынка.

«Цяпер ён сьніць нейкі сон,» патлумачыў Цімтарам. «А ведаеш, які?»

«Гэтага ніхто ня ведае,» адказала Алеся.

«Кінь, ён жа сьніць *цябе*!» усклікнуў Цімтарам, пераможна пляснуўшы рукамі. «Калі б ён перастаў цябе сьніць,—як ты думаеш, дзе б ты ўжо была?»

«Там, дзе й цяпер, ведама,» хмыкнула Алеся.

«Дзе там!» грэбліва махнуў рукою Цімтарам. «Цябе не было б ні там, ні дзе. Ты ж усяго толькі ягоная мроя!»

«Калі б вось зараз Кароль прачнуўся,» дадаў Тамтарам, «ты б згасла—пуф!—як тая сьвечка!»

«Ня згасла б!» абурана запратэставала Алеся. «Да таго ж, калі *я*—толькі ягоная мроя, то што тады *вы*, дазвольце спытацца?»

«Тое самае,» запэўніў Тамтарам.

«Тое самае, тое самае!» пракрычаў Цімтарам.

Ён крыкнуў так гучна, што Алеся не магла на яго не зашыкаць: «Цыц! Вы яго, крый Бог, абудзіце такім ровам.»

«Ну якая карысьць з таго, што *ты* будзеш ахоўваць ягоны сон,» працягваў Тамтарам, «калі ты сама—адна з пэрсанажаў у гэтым сьне? Ты ж добра ведаеш, што ты не сапраўдная.»

«Я *сапраўдная*!» запярэчыла Алеся й заплакала.

«Ты ня зробісься сапраўднейшай ад таго, што паплачаш,» зацеміў Цімтарам. «Не марнуй сьлёз.»

«Калі б я была несапраўдная,» сказала Алеся, ужо сьмеючыся празь сьлёзы, бо настолькі гэта ўсё было сьмеху вартае, «як бы я тады плакала?»

«Спадзяюся, ты ня думаеш, што гэта *сапраўдныя* сьлёзы?» з пагардаю перабіў яе Тамтарам.

«Я ведаю, што яны вярзуць лухту,» падумала сабе Алеся, «і плакаць праз гэта—глупства.» Вось жа яна выцерла сьлёзы й сказала як мага весялей: «У кожным разе мне пара ўжо ісьці шукаць выхаду зь лесу, бо насамрэч робіцца вельмі цёмна. Здаецца, будзе дождж, як вы лічыце?»

Тамтарам раскрыў па-над сваёй і братавай галовамі вялізарны парасон і ўтаропіўся ў яго, узьняўшы вочы ўгару. «Не, я лічу, ня будзе,» сказаў ён, «прынамсі *тут*, пад парасонам—дакладна не. Не сьмяшы!»

«Але, магчыма, *звонку* будзе дождж?»

«Хай сабе будзе, калі яму так заманецца,» пацінуў плячыма Цімтарам, «мы ня супраць. Наадварот.»

«Сябелюбцы два!» падумала Алеся, і толькі яна зьбіралася даць ім «дабранач» ды пакінуць іх, як Тамтарам выскачыў з-пад парасона й схапіў яе за запясьце.

«Ты *гэта* бачыла?» спытаўся чалавечак, заікаючыся ад хваляваньня. Ён паказаў дрыготкім пальцам на маленькую белую штучку пад дрэвам, і ягоныя вочы палезьлі з вачніц і пажаўцелі.

«Гэта ўсяго толькі бражджотка,» сказала Алеся, пільна агледзеўшы маленькую белую рэч. «Я маю на ўвазе, бразготка, а не зьмяя-бражджоўніца,»[9] дадала яна сьпешна, баючыся напалохаць Тамтарама, «усяго толькі старая бразготка—вельмі старая й да таго ж разламаная.»

«Я гэта ведаў! Разламаная!» закрычаў Тамтарам, шалёна затупаўшы нагамі, і пачаў ірваць на сабе валасы. «І, вядома ж, напалам!» Тут ён зірнуў на Цімтарама, які адразу ж прысеў і паспрабаваў схавацца пад парасонам.

Алеся кранула Тамтарама за локаць і мяккім голасам сказала: «Ня трэба так злаваць праз нейкую старую бразготку.»

«Але яна *не* старая!» зароў Тамтарам, разьятрыўшыся яшчэ больш. «Яна *новая*, кажу табе! Я набыў яе ўчора— маю чароўную, *НОВУЮ* БРАЗГОТАЧКУ!» Ягоны голас узьняўся да жахлівага крыку.

Увесь гэты час Цімтарам рабіў што толькі мог, каб зачыніцца ў парасоне зьсярэдзіны. Гэтая задума была настолькі незвычайная, што спроба ажыцьцявіць яе не магла не забраць Алесінай увагі ад раззлаванага Тамтарама. Але скласьці парасон ніяк не ўдавалася, і ўсё скончылася тым, што Цімтарам перакуліўся разам з парасонам, зь якога цяпер вытыркалася толькі ягоная галава. Так ён і ляжаў, ляпаючы ротам і лыпаючы вялізнымі вачыма: «больш падобны да рыбіны, чым да каго яшчэ,» як падалося Алесі.

«Ты, несумнеўна, згодны на двубой?» спытаўся Тамтарам ужо спакайней.

«Бадай, так,» буркнуў яму брат, неахвоча выпаўзаючы з парасона, «толькі *яна* ў такім разе павінна памагчы нам надзець латы.»

З гэтым браты рука ў руку зьніклі ў лесе й неўзабаве вярнуліся адтуль з абярэмкамі рыштунку—падушак, коўдраў, рагожын, настольніц, накрывак ад рондляў і вёдраў на вугаль. «Спадзяюся, ты спрактыкаваная ў прышпільваньні й прывязваньні?» пацікавіўся Тамтарам. «Усе гэтыя рэчы так ці іначай трэба скарыстаць.»

Потым Алеся апавядала, што датуль ніколі ў жыцьці ня бачыла, каб зь нейкай нагоды ўсчыналі такі вэрхал: так ужо тыя два мітусіліся, столькі рэчаў на сябе чаплялі й так ужо дапякалі яе з зацягваньнем матузкоў і зашпільваньнем гузікаў, што яна падумала сабе: «Пад канец яны будуць нагадваць хутчэй два скруткі старога рызьзя, чым рыцараў!» Пакуль тое, яна прымацоўвала падушку да Цімтарамавай шыі: «каб захаваць галаву на плячох,» як выказаўся сам Цімтарам.

«Ведаеш,» дадаў ён вельмі сур'ёзна, «адно з найгоршых раненьняў, якое можна атрымаць падчас бою,—гэта калі табе адсякуць галаву.»

Алеся гучна засьмяялася, аднак пасьпела заглушыць сьмех кашлем, каб не абразіць Цімтарамавых пачуцьцяў.

«Скажы, я вельмі бледна выглядаю?» занепакоіўся Тамтарам, падыходзячы да Алесі, каб тая завязала яму шлем. (Тое, што ён *называў* шлемам, нашмат больш нагадвала рондаль.)

«Бадай што—так, *крышачку*,» адказала Алеся ласкава.

«Наагул, я вельмі мужны,» працягваў Тамтарам ціхім голасам, «адно што сёньня ў мяне, як на бяду, баліць галава.»

«А ў *мяне* баляць зубы!» азваўся Цімтарам, пачуўшы братавы словы. «Мне нашмат горш, чым табе!»

«Тады, можа, лепш вам сёньня ня біцца?» прапанавала Алеся, якая палічыла гэта за добрую нагоду іх замірыць.

«Мы *абавязаныя* троху пабіцца, але доўга біцца я адмаўляюся,» заявіў Тамтарам. «Каторая гадзіна?»

Цімтарам зірнуў на свой гадзіньнік і адказаў: «Палова пятай.»

«Да шостай паб'емся, а пасьля павячэраем,» пастанавіў Тамтарам.

«Знакаміта,» пагадзіўся Цімтарам без асаблівага імпэту. «А *яна* можа глядзець. Толькі не падыходзь *залішне* блізка,» папярэдзіў ён, «я звычайна луплю па ўсім, што толькі бачу—калі разыдуся як сьлед.»

«А я малачу па ўсім, да чаго магу дацягнуцца,» крыкнуў Тамтарам, «нават калі нічога ня бачу!»

Алеся зноў засьмяялася. «Вы, мусібыць, даволі часта трапляеце па дрэвах,» дапусьціла яна.

Тамтарам агледзеўся навокал з задаволенай усьмешкаю. «Мяркую,» сказаў ён, «што пасьля бойкі ўсе чыста дрэвы ў акрузе будуць паваленыя!»

«І ўсё праз нейкую бразготку!» нагадала ім Алеся, дасюль яшчэ спадзеючыся *крыху* прысароміць іх тым, што яны гатовыя біцца дзеля такой лухты.

«Мне было б ня так крыўдна,» прызнаў Тамтарам, «калі б бразготка была ня новая.»

«От каб ужо прыляцеў крумкачына!» пажадала ў думках Алеся.

«Ведаеш што, у нас толькі адзін меч,» кінуў брату Тамтарам, «але *ты* можаш узяць парасон—ён бадай такі ж востры. Толькі трэба пачынаць зараз. А то зусім сьцямнела.»

«Нават горш за „зусім“,» сказаў Цімтарам.

Цямнець пачало так імкліва, што Алеся падумала, быццам зьбіраецца на навальніцу. «Якая густая чорная хмара!» зьдзівілася яна. «І як хутка яна набліжаецца! Аёй, мне здаецца, што яна з крыламі!»

«Гэта крумкач!» заверашчаў Тамтарам зь пераляку, і абодва браты лахі пад пахі джганулі прэч з вачэй.

Алеся забегла недалёка ў лес і спынілася пад вялікім дрэвам. «*Тут* мяне крумкач ніяк не дастане,» палічыла яна, «ён занадта вялікі, каб прапхнуцца між дрэваў. Каб жа ён толькі ня ляпаў так крыламі, бо ад гэтага ў лесе ўздымаецца віхура—А вось і нейчая хустка, зьдзьмутая ветрам!»

Разьдзел V

Воўна й вада

З гэтымі словамі яна падхапіла хустку ды азірнулася вакол, шукаючы, каму яна належыць. У той жа момант з гушчару імкліва выбегла Белая Каралева з шырока распасьцёртымі, быццам крылы, рукамі, і Алеся з пачціваасьцю рушыла ёй насустрач, каб аддаць хустку.

«Я вельмі радая, што яна мне трапілася,» сказала Алеся, дапамагаючы Каралеве зноў надзець хустку.

Белая Каралева толькі пазірала на дзяўчынку неяк бязрадна й баязьліва, без упыну шэпчучы сабе пад нос штосьці накшталт «лусьцік, лусьцік.» Алеся адчула, што ёй самой прыйдзецца паруліцца пра тое, каб завязаць гутарку, таму зноў загаварыла, крыху нясьмела: «Ці не магла б я часова замяніць Вашай Вялікасьці сьвіту?»

«Не разумею, што ты называеш сьвітай,» зьдзівілася Каралева. «*Я* сабе сьвіту ўяўляю зусім іначай.»[10]

Алеся памятала, што лепей ніколі не сварыцца на самым пачатку размовы, таму ўсьміхнулася й сказала: «Калі

Вашая Вялікасьць патлумачыць мне, якой мае быць сапраўдная сьвіта, я зраблю ўсё, каб вам яе замяніць.»

«Але я зусім не хачу мяняць сьвіты!» прастагнала бедная Каралева. «Я й так пракруцілася перад люстрам цэлыя дзьве гадзіны.»

«Лепей бы яе хто іншы апранаў,» падумала Алеся, бо Каралева выглядала страшэнна неахайна. «На ёй усё згамтанае і пападтыканае іголкамі!—Можна, я папраўлю вашую хустку?» дадала яна ўголас.

«Ня ведаю, што зь ёй такое!» сказала Каралева скрушна. «Яна мяне ня слухаецца. Я і тут яе падкалю, і там, а ёй усё не да спадобы!»

«А каму да спадобы? Яна й не паслухаецца, калі вы будзеце ўвесь час яе падколваць,» выснавала Алеся, папраўляючы Каралеве хустку. «А божачкі, у якім жа стане ў вас валасы!»

«У іх заблыталася шчотка!» уздыхнула Каралева. «А ўчора згубіўся грабеньчык.»

Алеся асьцярожненька выблытала шчотку й зрабіла ўсё магчымае, каб давесьці Каралевіны валасы да ладу. «Ну вось, цяпер вы выглядаеце значна лепш!» сказала яна, мяняючы месцамі бальшыню шпілек. «Але вам не зашкодзіла б знайсьці сабе наймічку!»

«Вядома, я найму *цябе* з радасьцю!» адрэагавала Каралева. «Два грошы на тыдзень, а іншым днём і сочыва хлебам намажу!»[11]

Алеся не змагла стрымаць сьмеху: «Я не хачу, каб вы наймалі *мяне*, і ня трэба мне сочыва.»

«Гэта вельмі смачнае сочыва,» заўважыла Каралева.

«Хай так, але *сёньня* я яго ўсё роўна не хачу.»

«Ты не атрымала б яго сёньня *нават* калі б захацела,» супакоіла яе Каралева. «Правіла гучыць: учора так, заўтра гэтак, а сёньня—ніяк.»

«Але ж некалі мне хочацца сочыва яшчэ сёньня,» не пагадзілася Алеся.

«Ну і што,» запярэчыла Каралева. «Сочыва абяцанае *іншым* днём: а сёньня ж ня *іншы* дзень, пагадзіся.»

«Я вас не разумею,» прызналася Алеся. «Усё так жахліва заблытана!»

«Гэта вынік жыцьця наадварот,» ласкава патлумачыла Каралева, «кожны спачатку ад гэтага крыху млее—»

«Жыцьця наадварот!» паўтарыла Алеся ў надзвычайным зьдзіўленьні. «Я ніколі пра такое ня чула!»

«—але ў ім ёсьць адна вялікая выгада,» працягвала Каралева, «а менавіта тая, што памяць у цябе працуе ў абодвух кірунках.»

«Ну не, у *мяне* памяць працуе ў адным кірунку,» зрэагавала Алеся. «Я ня здольная згадаць чаго-небудзь раней, чым яно адбудзецца.»

«Неважнецкая ж у цябе памяць, калі яна працуе толькі задняй датай,» зазначыла Каралева.

«А што *вы* памятаеце лепш за ўсё?» рызыкнула спытацца Алеся.

«О, тое, што адбылося на пазанаступным тыдні,» адказала Каралева абыякава. «Вось, да прыкладу,» працягвала яна, заклейваючы пры гэтым палец вялізным пляйстрам, «Каралеўскі Вястун. Цяпер ён у астрозе, адбывае пакараньне, тады як суд пачнецца толькі ў наступную сераду. А ў самую апошнюю чаргу, натуральна, надыдзе час злачынства.»

«А што, калі ён не дапусьціць ніякага злачынства?» пацікавілася Алеся.

«Тады яшчэ лепей, ці ня так?» сказала Каралева, прымацоўваючы пляйстар да пальца стужкай.

Алеся адчула, што з *гэтым* не паспрачаесься. «Вядома ж, так будзе лепей,» пагадзілася яна, «аднак яшчэ лепей было б, каб ён не адбываў пакараньня.»

«*Тут* ты памыляесься, як ні круці,» адрэзала Каралева. «*Цябе* ўжо калі-небудзь каралі?»

«Так, за дробныя правіны,» прызналася Алеся.

«Ну вось—я пэўная, што нічога лепшага ты не заслугоўвала!» пераможна сказала Каралева.

«Але я заўжды спачатку *ўчыняла* тое, за што мяне каралі,» удакладніла Алеся, «у тым і розьніца.»

«І ўсё-ткі, калі б ты *не* ўчыняла таго, што ўчыніла,» стаяла на сваім Каралева, «было б яшчэ лепей. Яшчэ, яшчэ, яшчэ лепей!» Ейны голас узвышаўся з кожным «яшчэ», пакуль нарэшце не ператварыўся амаль у віскат.

Толькі Алеся хацела сказаць Каралеве: «Вы ў нечым памыліліся—», як тая пачала так голасна лямантаваць, што дзяўчынцы давялося змоўкнуць. «Ой-ёй-ёй!» заходзілася Каралева й трэсла рукою так, быццам хацела, каб яна ў яе адарвалася. «Кроў з пальца! Ой-ёй-ёй!»

Ейны ёкат вельмі нагадваў сьвіст паравоза, і Алеся была змушаная заціснуць абедзьвюма рукамі вушы.

«Што *ўжо* здарылася?» папыталася яна, як толькі ў яе зьявілася надзея, што яе пачуюць. «Вы ўкалолі палец?»

«*Яшчэ* не,» сказала Каралева, «але неўзабаве ўкалю. Ой-ёй-ёй!»

«А калі вы яго ўколеце?» не сунімалася Алеся, якой было вельмі сьмешна.

«Калі я зноў пачну прымацоўваць хустку,» прастагнала гаротніца-Каралева, «тады расшпіліцца брошка. Ой, ой!» Як толькі яна гэта прамовіла, брошка расшпілілася. Разьюшаная Каралева тут жа схапіла яе і ўзялася зноў зашпільваць.

«Асьцярожна!» крыкнула Алеся. «Вы неяк крыва яе трымаеце!» І яна паспрабавала выхапіць у Каралевы брошку, адылі было позна: іголка саскочыла, і Каралева ўкалола палец.

«Бачыш, вось і прычына кровацячэньня,» з усьмешкаю сказала яна Алесі. «Цяпер ты разумееш, які ў нас тут парадак рэчаў.»

«Але чаму вы *цяпер* ня войкаеце?» зьдзівілася Алеся, трымаючы рукі напагатове, каб як што якое зноўку заціснуць вушы.

«Навошта, калі я ўжо адвойкала?» адказала Каралева. «Якая карысьць адвойкваць двойчы?»

Тут нарэшце пачало віднець. «Напэўна, крумкач паляцеў прэч,» здагадалася Алеся. «Я такая радая, што ён уцёк. А то мне здавалася, што ўжо ноч.»

«Хацела б *я* навучыцца радавацца!» усклікнула Каралева. «Але я ўвесь час забываюся, як гэта слушна робіцца. Ты, напэўна, шчасная, бо жывеш у гэтым лесе й можаш радавацца заўсёды, калі табе заманецца!»

«Адно што я пачуваюся тут *вельмі* самотнаю!» паскардзілася Алеся журботна. І не пасьпела яна падумаць пра сваю самоту, як дзьве буйныя сьлязіны пацяклі па ейным твары.

«О, толькі ня трэба так!» выгукнула разгубленая Каралева, заламаўшы рукі ў роспачы. «Сама падумай, ты ўжо ж вялікая дзяўчынка. Падумай, які доўгі шлях ты прайшла за сёньня. Падумай, каторая цяпер гадзіна. Падумай пра што заўгодна, толькі ня плач!»

Тут Алеся не магла не засьмяяцца, хоць гэта й быў сьмех праз сьлёзы. «А *вы* самі перастаяце плакаць, калі пра нешта думаеце?»

«Іначай яно й не выходзіць,» вельмі пераканана сказала Каралева, «нельга ж рабіць дзьвюх рэчаў адначасова.

Задумаймася спачатку над тваім векам—колькі табе гадоў?»

«Сем з паловаю, калі дакладна.»

«Ня трэба казаць „дык ладна“,» паправіла яе Каралева. «Я табе й так веру. А зараз *я* табе нешта скажу, а вось ці паверыш мне *ты*? Мне сто адзін год, пяць месяцаў і адзін дзень.»

«У *такое* я не магу паверыць!» заявіла Алеся.

«Ня можаш?» сказала Каралева такім тонам, быццам ёй стала шкада Алесі. «Тады паспрабуй яшчэ раз: набяры ў грудзі паветра й заплюшч вочы.»

Алеся захіхікала. «Няма сэнсу спрабаваць,» запэўніла яна Каралеву, «у такія непраўдападобныя рэчы *немагчыма* паверыць.»

«Я б сказала, што табе проста бракуе практыкі,» дапусьціла Каралева. «Калі я была ў тваім веку, я штодня практыкавалася ў веры па паўгадзіны. Ды што там, часам я пасьпявала паверыць у шэсьць неправўдападобных рэчаў яшчэ перад сьняданкам. Хустка зноў паляцела!»

Пакуль яна гэта ўсё казала, брошка зноў расшпілілася й рэзкі парыў ветру аднёс хустку на другі бок ручайка. Каралева зноў расставіла рукі й паляцела за хусткаю наўздагон. Гэтым разам яна злаўчылася ўхапіць яе сама. «Злавіла!» закрычала Каралева пераможна. «Зараз убачыш, як я зноў яе прышпілю, прычым без староньняе помачы!»

«Дык, значыць, ваш палец ужо загаіўся?» спыталася Алеся пачціва, пераходзячы ручаёк сьледам за Каралеваю.

«О, амаль што!» закрычала Каралева. Чым далей, тым болей ейны голас прыпадабняўся да нейкага віску: «Ён ужо баліць значна ме-е-еней! Ме-е-еней! Ме-е-е!» Апошняе слова скончылася даўгім меканьнем, настолькі падобным да авечага, што Алеся ажно спалохалася.

Яна зірнула на Каралеву, якая ўся адразу нібы ахуталася авечай воўнаю. Алеся працерла вочы й прыгледзелася. Яна не магла ўцяміць, што ўвогуле адбылося. Няўжо яна ў нейкай краме? І няўжо гэта сапраўды—няўжо гэта Авечка сядзіць на тым баку прылаўка? Тры вочы ня тры, а не дапамагала: дзяўчынка цяпер стаяла ў маленькай цьмянай крамцы, абапіраючыся локцямі на прылавак, а насупраць яе ў фатэлі сядзела старая Авечка й вязала, раз-пораз спыняючыся, каб зірнуць на Алесю скрозь вялізныя акуляры.

«Дык што ты надумала набыць?» урэшце падала голас Авечка, на момант узьняўшы вочы ад свайго вязаньня.

«Я яшчэ *канчаткова* ня ведаю,» сказала Алеся вельмі ветліва. «Я хацела б спачатку агледзець тут усё вакол, калі дазволіце.»

«Можаш глядзець наперад, налева ці направа, калі хочаш,» дазволіла Авечка, «але ты ня можаш агледзець *усяго* вакол, калі толькі ў цябе няма вачэй на патыліцы.»

Што да вачэй, то іх у Алесі на патыліцы, да жалю, *не* было, і дзяўчынка задаволілася тым, што павярнулася, падышла да паліцаў і пачала іх аглядаць.

Стваралася ўражаньне, што крама проста поўная ўсялякіх дзівосных рэчаў. Але найбольш Алеся дзівавалася вось з чаго: варта было ёй прыгледзецца да нейкай асобнай паліцы, каб дазнацца, што ж там дакладна стаіць, як высьвятлялася, што менавіта на гэтай паліцы нічога няма, хоць усе астатнія ажно прагіналіся ад цяжару.

«Рэчы тут увесь час некуды ўцякаюць!» сказала нарэшце Алеся з нараканьнем у голасе пасьля таго, як мала не хвіліну перасьледавала нейкі вялікі яскравы прадмет. Той выглядаў часам як лялька, часам як скрынка для шыцьця, але заўсёды мясьціўся на паліцу вышэй—толькі ня там, куды Алеся якраз глядзела. «Гэтая штуковіна самая няўрымсная з усіх. А, вось што!» дадала яна, калі нечаканая думка прыйшла ёй у галаву. «Мне трэба загнаць яе на самую верхнюю паліцу. Тады ёй, напэўна, давядзецца хіба што праламаць столь, каб уцячы!»

Але нават гэты плян не спрацаваў: «штуковіна» прайшла скрозь столь неймаверна лёгка, быццам гэтак рабіла заўжды.

«Ты дзяўчынка або жэўжык?» спыталася Авечка, беручы іншую пару сьпіцаў. «Я ўжо хутка самлею ад твайго кручэньня.» Цяпер Авечка вязала на чатырнаццаці парах сьпіцаў адначасна. Алеся проста аслупянела, калі гэта пабачыла.

«Як яна *здольная* трымаць столькі сьпіцаў?» падумала зьбітае з панталыку дзіцё. «З кожнай хвілінаю яна ўсё больш ператвараецца ў дзікабраза!»

«Веславаць умееш?» папыталася ў Алесі Авечка, даючы адну пару сьпіцаў ёй.

«Трошкі ўмею, толькі не на беразе й толькі ня сьпіцамі—», не пасьпела Алеся дагаварыць, як раптоўна сьпіцы ў яе ў руках ператварыліся ў вёслы, і яны з Авечкаю апынуліся ў маленечкім чоўне, які сьлізгаў па плыні між двух берагоў. Дзяўчынцы нічога не заставалася, як пачаць веславаць што моцы.

«Нырок!» выгукнула Авечка, беручы яшчэ дзьве пары сьпіцаў.

Гэтая рэпліка гучала так, быццам не патрабавала адказу, таму Алеся нічога не сказала й толькі налягла на вёслы. «Штосьці вельмі дзіўнае робіцца з вадою,» падумала яна, бо з кожным разам, як вёслы апускаліся ў ваду, яны ўсё больш захрасалі, і выцягваць іх было ўсё цяжэй.

«Нырок! Яшчэ нырок!» зноў закрычала Авечка, беручы новыя сьпіцы. «А то на мель сядзем, убачыш сама!»

«Я б так хацела ўбачыць маленечкага сама!» прызналася Алеся.

«Ты чула, што я сказала „нырок“?» раззлавана закрычала Авечка, беручы цэлы сноп сьпіцаў.

«Вядома ж, чула,» пацьвердзіла Алеся, «вы сказалі гэта некалькі разоў запар, прычым вельмі гучна. А дзе тыя самы?»

«Дзе-дзе—у вадзе!» адказала Авечка, уторкваючы некалькі сьпіцаў сабе ў валасы, бо ўзяць іх у рукі ўжо не было як. «Нырок, кажу табе!»

«*Навошта* вы ўвесь час гаворыце „нырок“?» нарэшце спыталася Алеся, прытаміўшыся гэта чуць. «Я ж ня птушка!»

«Птушка,» патлумачыла Авечка, «у цябе мазгі курыныя.»

Алеся крыху закрыўдавала на Авечку, таму якую хвіліну ці дзьве яны не размаўлялі. Тым часам човен плыў сабе далей паўз гушчары водарасьцяў (праз гэта вёслы захрасалі ў вадзе яшчэ болей), пад вялізнымі дрэвамі й высачэзнымі берагамі, якія ўвесь час пахмурна навісалі над галовамі спадарожніц.

«Але дазвольце! Які духмяны чарот!» усклікнула Алеся ў нечаканым наплыве замілаваньня. «Ён сапраўды *такі* прыгожы!»

«Наконт чароту дазволу ў *мяне* не пытайся,» сказала Авечка, не падымаючы вачэй ад вязаньня. «Ня я яго там пасадзіла, і ня мне яго выдзіраць.»

«Не, я маю на ўвазе: дазвольце мы спынімся й нарвем сабе трошкі,» умольна папрасіла Алеся, «калі вы ня супраць запыніць на хвілінку човен.»

«Як *я* магу яго запыніць?» ня ўцяміла Авечка. «Перастань веславаць, і ён спыніцца сам.»

Алеся так і зрабіла. Плынь панесла човен сама, і ён лёгка ўвайшоў у зарасьці хістанага ветрам чароту. І тады асьцярожна закасаліся маленькія рукаўчыкі, маленькія ручкі па локці апусьціліся ў ваду, каб ухапіць і падламаць чароціну як мага ніжэй. На нейкі час Алеся забылася на Авечку зь яе вязаньнем. Зьзяючы жвавымі вочкамі, дзяўчынка зьбірала сьцябліна за сьцяблінаю шыкоўны духмяны чарот, перахіліўшыся праз борт чоўна так, што кончыкі ейных зблытаных валасоў мачыліся ў вадзе.

«Спадзяюся толькі, што човен не перакуліцца!» падумала Алеся. «О, *якая* прыгожая сьцябліна! Толькі не магу да яе дацягнуцца.» І сапраўды дзяўчынку крыху цьвяліла тое, што, хоць яна й назрывала процьму прыгожых чароцін паабапал чоўна, убаку заставаліся яшчэ прыгажэйшыя, да якіх яна не магла дацягнуцца. «Быццам гэта яны знарок,» здалося ёй.

«Прыгажэйшае заўсёды цяжэй дастаць!» нарэшце ўздыхнула Алеся, бачачы, што найлепшы чарот расьце непапраўна далёка. Расчырванелая, з мокрымі рукамі й валасамі, зь якіх капала вада, яна ўскараскалася на сваё месца й пачала парадкаваць новаздабытыя скарбы.

Якое для яе мела значэньне, што чарот, як толькі яна яго вырывала, амаль адразу чэзнуў і траціў усю сваю павохнасьць і хараство? Нават сапраўдны духмяны чарот, як вядома, доўга не стаіць, а гэты чарот, чарот сьненьня, раставаў, што той сьнег, гурбамі лежачы ля Алесіных ног. Аднак Алеся гэтага амаль не заўважала, бо навокал было шмат іншых цікавых рэчаў, якія займалі ейныя думкі.

Не пасьпеў човен зноў крануцца зь месца, як адно весла засела ў вадзе і *адмовілася* зь яе выслабаняцца (як патлумачыла сабе пазьней Алеся). У выніку другі канец весла ўпёрся Алесі ў падбародзьдзе й так яе падкінуў, што з выкрыкамі «ой-ёй-ёй!» няшчасная дзяўчынка зьляцела зь месца ды апынулася на гурбе чаратоў на дне чоўна.

Аднак яна зусім ня ўдарылася й зноўку ўзьнялася на ногі. Авечка працягвала сабе вязаць, і ня шум баравы. «Ну вось, сама бачыш, давеславалася,» адзначыла яна, калі Алеся зноў села на сваё месца, адчуўшы вялікую палёгку ад таго, што ўсё яшчэ знаходзіцца ў чоўне.

«Сама? Я яго ня бачыла,» сказала Алеся, пільна ўзіраючыся ў цёмную ваду па-за бортам. «Шкада, што ён уцёк—я так хацела б узяць дадому невялічкага сама!» Аднак Авечка толькі зьедліва засьмяялася й вязала сабе далей.

«І многа тут самоў?» зацікавілася Алеся.

«І міногаў, і самоў, і ўсяго поўна,» адказала Авечка, «на любы густ, толькі выбірай. Ну, дык што ты *зьбіраесься* набываць?»

«Набываць!» рэхам адгукнулася Алеся. У ейным голасе пачуліся боязь і зьдзіўленьне, бо вёслы, човен і рака некуды вокамгненна выпарыліся, і дзяўчынка зноўку апынулася ў маленькай цёмнай краме.

«Дайце мне адно яйка, калі ласка,» папрасіла яна няўпэўнена. «Па чым яны ў вас?»

«Пяць з чвэрцю грошаў штука, два грошы пара,» сказала Авечка.

«Атрымліваецца, што два таньнейшыя за адно?» зьдзівілася Алеся, вымаючы свой партманэцік.

«Але калі ты набудзеш два яйкі, ты *мусіш* абодва іх зьесьці,» папярэдзіла Авечка.

«Тады дайце мне, калі ласка, *адно* яйка,» паўтарыла Алеся, кладучы грошы на прылавак і падумаўшы пры гэтым: «А раптам яны ўжо сапсаваныя? Ці мала што—»

Авечка ўзяла грошы, паклала іх у скарбонку, а затым абвясьціла: «Я ніколі не даю нічога людзям у рукі, так ня робіцца—сама пайдзі і вазьмі.» З гэтымі словамі яна пайшла й паставіла яйка на адну з паліцаў у аддаленым канцы крамы.

«Цікава, *чаму* так ня робіцца?» разважала Алеся, навобмацак прабіраючыся між сталоў і крэслаў, бо ў тым закутку крамы было вельмі цёмна. «Яйка, здаецца мне, аддаляецца тым больш, чым больш я да яго набліжаюся. Паглядзім, а гэта што? Крэсла? Аёй, яно з галінамі, клянуся! Як дзіўна, што тут растуць дрэвы! А вунь нейкі ручаёк, няйначай! Мушу сказаць, што гэта самая дзівацкая крама, якую я бачыла ў жыцьці!»

Яна рушыла далей і з кожным крокам дзівілася ўсё больш, бо варта ёй было да нечага наблізіцца, як гэтае нешта ператваралася ў дрэва, і Алеся была амаль упэўненая, што зь яйкам станецца тое самае.

Разьдзел VI

Яўпат Няўпад

Аднак яйка толькі расло й расло і ўсё больш нагадвала чалавека. Калі між Алесяй і яйкам заставалася якіх пару крокаў, яна заўважыла, што ў яго ёсьць вочы, нос і рот. А калі яна падышла зусім блізка, дык ясна ўбачыла, што гэта ніхто іншы, як ЯЎПАТ НЯЎПАД. «А хто ж яшчэ, як ня ён?» сказала сабе Алеся. «Такое ўражаньне, быццам гэта ў яго на твары напісана!»

На такім шырачэзным твары гэтае імя льга было б напісаць хоць сто разоў. Яўпат Няўпад сядзеў, скрыжаваўшы ногі, як турак, на высокім муры, прычым мур быў такі танюткі, што Алеся не магла зразумець, як Яўпату Няўпаду ўдаецца ўтрымліваць раўнавагу. Паколькі ён зацята глядзеў у процілеглым ад Алесі кірунку й не зьвяртаў на яе ніякай увагі, то яна ўрэшце падумала, што гэта ўсё-такі чучала, а не жывая істота.

«Але ж ён ну выкапанае яйка, цот у цот!» сказала Алеся ўголас, настаўляючы рукі, каб злавіць яго, бо ёй здавалася, што чучала вось-вось упадзе.

«Як жа *нечувана* раздражняе,» падаў голас Яўпат Няўпад пасьля працяглага маўчаньня, наўмысна ня глядзячы на Алесю, «калі цябе называюць яйкам. *Нечувана*!»

«Я пра тое, што вы *падобны* да яйка, васпане,» ласкава патлумачыла Алеся. «Дый, ведаеце, некаторыя яйкі—надзвычай прыгожыя,» дадала яна, спадзеючыся перавесьці сказанае ў свайго кшталту камплімэнт.

«Некаторыя людзі,» працягваў Яўпат Няўпад, так і не зірнуўшы на Алесю, «маюць мазгоў ня болей за немаўлятка!»

Алеся ня ведала, што на гэта адказаць. Ёй здалося, што іхні дыялёг зусім не падобны да гутаркі, бо Яўпат Няўпад увесь час зьвяртаўся не да *яе*. Па праўдзе кажучы, ягоная апошняя фраза была відавочна адрасаваная нейкаму дрэву, таму Алеся паціху пачала сама сабе расказваць вершык:—

«Яўпат Няўпад сядзеў на муры,
Яўпат Няўпад кульнуўся згары.
Каралеўская сіла ўся конная й ратная
Яўпата Няўпада зь зямлі ўзьняць супольна
няздатная.»

«Гэты апошні радок нейкі непаэтычны, бо задаўжэзны,» дадала дзяўчынка напаўголасу, забыўшыся, што Яўпат Няўпад можа яе пачуць.

«Кінь мармытаць там сабе пад нос абы-што,» запатрабаваў Яўпат Няўпад, упершыню зірнуўшы на яе, «а скажы лепей, як тваё імя й што ў цябе за інтэрас.»

«Што да *імя*, мяне зваць Алеся, а вось—»

«Ідыёцкае, трэба сказаць, імя!» нецярпліва перарваў яе Яўпат Няўпад. «Што яно азначае?»

«Хіба імя *павінна* штосьці азначаць?» засумнявалася Алеся.

«Натуральна, павінна,» запэўніў Яўпат Няўпад уподсьмех, «*маё* імя азначае, што я, як ні круці, усебакова ўраўнаважаны і, да таго ж, у ідэальнай форме. А вось пры такім імені, як у цябе, можна мець якую хаця форму.»

«А чаму вы седзіце там наверсе зусім адзін?» пацікавілася Алеся, ня хочучы пачынаць спрэчкі.

«Ды таму што нікога побач са мною няма, вось чаму!» закрычаў Яўпат Няўпад. «Ты што, думала, я ня ведаю адказу? Давай іншую *загадку*.»

«Вы ня лічыце, што на зямлі вам было б бясьпечней?» ізноў спыталася Алеся, не для таго каб яго азадачыць, а папросту шчыра хвалюючыся за гэтую дзівацкую істоту. «Мур жа *надзвычай* тонкі!»

«Як можна задаваць такія жудасна лёгкія загадкі?!» злосна прабуркаў Яўпат Няўпад. «Ну вядома ж, не лічу! Ды *няхай бы* я й зваліўся,—чаго проста ня можа здарыцца,—але *няхай* нават так—» Скрывіўшы вусны, ён выглядаў цяпер так чапурыста і ўрачыста, што Алеся не магла не сьмяяцца. «*Хай* сабе я звалюся,» працягваў ён, «але ж *кароль мне паабяцаў*—Ага, можаш пабляднець, калі хочаш! Ты ж не чакала, што я зноў угадаю, га? *Кароль паабяцаў мне—сваім уласным языком*!—што—што—»

«Што ён пашле на дапамогу ўсю сваю сілу, конную й ратную,» легкадумна перабіла яго Алеся.

«Гэта перасягае ўсе межы!» залямантаваў Яўпат Няўпад у прыступе гневу. «Ты падслухоўвала за дзьвярыма—і за дрэвамі—і цераз комін—Іначай адкуль бы ты гэта ведала?»

«І зусім я не падслухоўвала!» апраўдвалася Алеся рахмана. «Я ў кніжцы прачытала.»

«А, тады добра! У *кніжцы*—калі ласка, хай пішуць,» крыху палагаднеў Яўпат Няўпад. «Бо гэта й называецца „трапіць у гісторыю“. Паглядзі на мяне як сьлед! Я адзін з

тых нешматлікіх, якія размаўлялі з самім каралём. *Асабіста*! Магчыма, ты больш нікога такога не сустрэнеш. А каб ты пераканалася, што я зусім не фанабэра, можаш паціснуць мне руку!» Тут ягоны твар ад вуха да вуха расплыўся ва ўсьмешцы, і Яўпат Няўпад нахіліўся (пры гэтым нейкім дзівам ня грымнуўшыся ўніз) і падаў Алесі руку. Дзяўчынка таксама працягнула яму руку, ня зводзячы зь яго занепакоеных вачэй. «Калі б ён усьміхнуўся яшчэ трошачку шырэй, куткі яго рота маглі б сустрэцца на патыліцы,» падумала Алеся. «Ня ведаю, *што* тады магло б стацца зь ягонай галавою! Баюся, яна адвалілася б!»

«Так, усю сілу конную й ратную,» гаварыў далей Яўпат Няўпад. «Супольна яны ўмомант узьнялі б мяне. Каму, як ня *ім*! Але ж нашая размова імкне наперад занадта хутка—давай вернемся да перадапошняй рэплікі.»

«На жаль, я не магу яе прыгадаць,» выбачылася Алеся ветліва.

«У такім выпадку прапаноўваю гутарку-рэванш,» сказаў Яўпат Няўпад, «цяпер мая чарга выбіраць тэму—» («Ён так кажа, нібыта гэта нейкая гульня!» заўважыла ў думках Алеся.) «Вось табе загадка. Колькі, ты казала, табе гадоў?»

«Сем гадоў і шэсьць месяцаў,» хуценька падлічыла Алеся.

«А вось і не!» пераможна ўсклікнуў Яўпат Няўпад. «Ты пра ўзрост ні слова не казала!»

«Я думала, вас цікавіць, *колькі* мне гадоў,» патлумачыла Алеся.

«Калі б мяне гэта цікавіла, я б так і сказаў,» запэўніў яе Яўпат Няўпад.

Алеся не хацела зноў пачынаць спрэчку, і таму нічога не адказала.

«Сем гадоў і шэсьць месяцаў!» задуменна паўтарыў Яўпат Няўпад. «Гэта ня ўзрост, гэта перарост. Калі б ты спыталася *маёй* рады, я б сказаў, што ў сем гадоў можна й перастаць расьці, але цяпер ужо рады табе не дасі.»

«А я ні ў кога і не пытаюся, расьці мне ці не,» абурылася Алеся.

«Гонару зашмат?» пакпіў Яўпат Няўпад.

Гэты закід яшчэ больш пакрыўдзіў Алесю. «Я маю на ўвазе,» не здавалася яна, «што чалавек ня можа не расьці.»

«*Чалавек* ня можа,» сказаў Яўпат Няўпад, «а *два*—могуць. У пары ты магла перастаць расьці ў самую пару—у сем гадоў.»

«Які цудоўны ў вас пояс!» зь нічога ніякага заўважыла Алеся. (Ёй здалося, што яны ўрэшце нагаварыліся пра ўзрост, і калі ўжо яны пагадзіліся абіраць тэмы па чарзе, то цяпер надышла *ейная* чарга.) «То бок,» удакладніла яна, яшчэ раз падумаўшы, «цудоўны шалік, я хацела сказаць—Не, я маю на ўвазе, пояс, прашу прабачэньня!»

дадала яна зьбянтэжана. Яўпат Няўпад выглядаў так, быццам яго абразілі, і Алеся ажно пашкадавала, што выбрала гэтую тэму. «Каб я толькі ведала,» наракала яна ў думках, «дзе ў яго шыя, а дзе паясьніца!»

Было відавочна, што Яўпат Няўпад вельмі злуе, хоць якую хвіліну ці дзьве ён нічога не казаў. Калі ён *такі* загаварыў, ягоны голас нагадваў жахлівы рык.

«Як жа—*страшэнна*—*раздражняе*,» выціснуў ён зь сябе ўрэшце, «калі шалік ня могуць адрозьніць ад пояса!»

«Я ведаю, што гэта невуцтва з майго боку,» прызнала Алеся, настолькі сумеўшыся, што Яўпат Няўпад адразу памякчэў.

«Гэта шалік, дзіцё маё, і цудоўны шалік, як ты кажаш. Гэта падарунак ад Белай Каралевы й Белага Караля. Во як!»

«Няўжо?» зьдзівілася Алеся, вельмі задаволеная тым, што яна *ўсё-такі* абрала добрую тэму для гутаркі.

«Яны падаравалі яго мне,» глыбакадумна працягваў Яўпат Няўпад, закінуўшы нагу за нагу ды абхапіўшы сашчэпленымі рукамі калена, «яны падаравалі яго мне—на мае ненародзіны.»

«Даруйце, я вас не зразумела,» перапрасіла Алеся, зусім зьбітая з тропу.

«Не бяды, я не пакрыўдаваў,» супакоіў яе Яўпат Няўпад.

«Ды не, мне няясна, *што такое* падарунак на ненародзіны.»

«Гэта падарунак, які атрымліваеш у дзень ненараджэньня, што тут няяснага.»

Алеся на хвілінку задумалася. «Мне больш падабаецца атрымліваць падарункі ў дзень нараджэньня,» аб'явіла яна ўрэшце.

«Ты сама ня ведаеш, што вярзеш!» ускрыкнуў Яўпат Няўпад. «Колькі дзён у годзе?»

«Трыста шэсьцьдзесят пяць,» адказала Алеся.

«А колькі ў цябе дзён нараджэньня?»

«Адзін.»

«То, калі ад трохсот шасьцідзесяці пяці адняць адзін, колькі застанецца?»

«Трыста шэсьцьдзесят чатыры, вядома.»

Яўпата Няўпада ўзялі сумневы. «Трэба падлічыць на пісьме,» пастанавіў ён.

Алеся, не хаваючы ўсьмешкі, выняла свой нататнік і падрахавала для Яўпата Няўпада:

$$\begin{array}{r} 365 \\ 1 \\ \hline 364 \\ \hline \end{array}$$

Яўпат Няўпад узяў зь ейных рук нататнік і ўважліва паглядзеў на запіс. «Здаецца, падлічана правільна,» прамовіў ён.

«Вы трымаеце яго дагары нагамі!» заўважыла Алеся.

«А, і праўда!» зарадаваўся Яўпат Няўпад, пасьля таго як Алеся павярнула яму нататнік, як трэба. «А то я думаю, чаму так дзіўна выглядае. Таму і сказаў: *здаецца*, падлічана правільна—але я ўсё адно ня маю цяпер часу пераправяраць. Такім чынам, вынікае, што ў годзе трыста шэсьцьдзесят чатыры дні, у якія можна атрымліваць падарункі на ненародзіны—»

«Анягож,» пагадзілася Алеся.

«І толькі *адзін* дзень на падарункі ў дзень нараджэньня, як бачыш. Ці не знакамітасьць?»

«Не разумею, што вы называеце „знакамітасьцю“,» разгубілася Алеся.

Яўпат Няўпад паблажліва ўсьміхнуўся: «І не зразумееш, пакуль я табе не патлумачу. „Знакамітасьць“—гэта даволі зьнішчальны довад супраць цябе!»

«Але слова „знакамітасьць“ не азначае „зьнішчальны довад“,» запярэчыла дзяўчо.

«Калі *я* ўжываю нейкае слова,» пыхліва заявіў Яўпат Няўпад, «яно азначае дакладна тое, што я хачу—ні болей, ні меней.»

«Пытаньне ў тым,» засумнявалася Алеся, «ці *можна* прымусіць словы, каб яны азначалі столькі ўсяго.»

«Пытаньне ў тым,» перайначыў Яўпат Няўпад, «за кім апошняе слова, вось і ўсё.»

Алеся была занадта заблытаная, каб штосьці адказаць, таму праз якую хвіліну Яўпат Няўпад загаварыў ізноў: «Словы ўсякія бываюць. Напрыклад, дзеясловы самыя наравістыя. З прыметнікамі можна рабіць што заўгодна, а вось дзеясловы маюць трываньне.[12] Так ці іначай, *я* валодаю цэлым мноствам словаў! Непразрыстасьць! Вось што *я* табе скажу!»

«Скажэце мне лепш, будзьце так ласкавы,» папрасіла Алеся, «што азначае „непразрыстасьць“.»

«Цяпер ты гаворыш як разумнае дзіцё,» сказаў Яўпат Няўпад вельмі задаволена. «Пад „непразрыстасьцю“ я маю на ўвазе тое, што нам трэба зьмяніць тэму. А таксама тое, што, калі ты не зьбіраесься прастаяць тут усё жыцьцё, то магла б апавесьці, што думаеш рабіць далей.»

«Гэта даволі шырокае значэньне для аднаго слова,» задумалася Алеся.

«Калі я змушаю слова браць на сябе такую вялікую адказнасьць, як у гэтым выпадку,» удакладніў Яўпат Няўпад, «я заўсёды яму даплачваю.»

«О!» вырвалася ў Алесі. Яна была залішне азадачаная, каб выдаць нешта большае.

«Каб ты толькі бачыла, як яны абступаюць мяне ў суботу ўвечары, калі прыходзяць па заробак!» важна дадаў Яўпат Няўпад, пакруціўшы туды-сюды галавою.

(Алеся не наважылася ў яго спытаць, чым ён зь імі разьлічваецца, таму я не магу паведаміць гэтага *вам*.)

«Бачу, вы так спрытна знаходзіце словам тлумачэньні, васпане,» сказала Алеся. «Можа, вы зробіце ласку і адкрыеце мне сэнс вершу „Жабавокі“?»

«Давай яго паслухаем,» пагадзіўся Яўпат Няўпад. «Я здольны вытлумачыць усе вершы, якія былі калі напісаныя, і даволі шмат з тых, што пакуль яшчэ напісаныя не былі.»

Абнадзееная гэтымі словамі, Алеся прачытала першы слупок вершу:—

Упоўдне рысы барзюкі
Съвярбяху ў напе а крыўляху,
Сычаша птах, і мертвакі
Ўва горбех верашчаху.

«Для пачатку дастаткова,» перарваў яе Яўпат Няўпад, «бо тут вельмі многа цяжкіх словаў. „*Упоўдне*“ азначае чацьвёртую гадзіну дня—час, калі звычайна палуднуюць.»

«Ага, гэта пасуе,» узрадавалася Алеся. «А „*рысы*“?»

«Ну, „*рысы*“ азначае „рысістыя й сытыя“. „*Рысістыя*“ тут азначае тое, што й „порсткія“. Бачыш, гэта нагадвае валізу з падвойным дном—у адным слове запакаваныя два значэньні.»

«Цяпер разумею,» задумліва сказала Алеся. «А хто такія „*барзюкі*“?»

«Ну, „*барзюкі*“—яны трохі як барсукі, трохі як яшчаркі ды яшчэ трохі як адкаркоўнікі.»

«Цікавы, відаць, выгляд у гэтых істотаў.»

«Дужа цікавы,» пацьвердзіў Яўпат Няўпад, «а яшчэ яны гняздуюцца пад гноманамі й харчуюцца сырам.»

«А што такое „*съвярбяху*“ і „*крыўляху*“?»

«„*Сьвярбяху*“ значыць, што яны сьвідравалі дзіркі ў вярбе. А „*крыйляху*“—што рухаліся па крывой, як тыя крывулі.»

«А „*ў напе*“—гэта ж на поплаве, які вакол гномана, так?» сама зьдзівілася ўласнай цямлівасьці Алеся.

«Натуральна. „*У напе*“ можа азначаць таксама „на паляне“ ці „на папасе“—»

«Або „на палетку“,» дадала Алеся.

«Менавіта. Значыць, так: „*сычаша*“—гэта „сыкаў і чаўкаў“ (вось табе яшчэ адно двухзначнае слова). А „*мертвакі*“—такія аблезлыя птушкі, пер'е ў якіх тырчыць ува ўсе бакі—штосьці накшталт жывой шчоткі.»

«А „*ўва горбех*“?» спыталася Алеся. «Баюся, я вас вельмі напружваю.»

«„*Ува*“—гэта такі кшталт зялёнае сьвіньні, а наконт „*горбех*“ я ня ўпэўнены. Думаю, што гэта скарачэньне ад „горбіцца ды ехаць“—то бок яны ляцелі на шалёных сьвіньнях.»

«А што азначае „*верашчаху*“?»

«Ну, „*верашчханьне*“—гэта нешта між крыкам і сьвістам, зь невялікім дадаткам чханьня. Урэшце, у лесе непадалёк адсюль ты сама можаш пачуць, як яно гучыць—аднаго разу табе будзе, *хутчэй за ўсё*, цалкам дастаткова. Хто ж расказаў табе такі складаны верш?»

«Я прачытала яго ў кніжцы,» адказала Алеся. «Але мне *ўжо* расказвалі і нашмат лягчэйшыя вершы. Напрыклад, гэты—Цімтарам, калі не памыляюся.»

«Што да паэзіі, то ведаеш,» пахваліўся Яўпат Няўпад, выцягаючы перад сабою руку зь вялізнай далоньню, «і *я* магу чытаць вершы ня горш за іншых, калі ўжо прылучыцца такая неабходнасьць—»

«О, яна зусім не павінна прылучыцца!» пасьпяшалася спыніць яго Алеся яшчэ перад тым, як ён пачне.

«Верш, які я табе раскажу,» працягваў Яўпат Няўпад, прамінуўшы яе заўвагу, «быў напісаны сумысьля табе на радасьць.»

Алеся падумала, што ў такім разе ёй сапраўды *не зашкодзіць* паслухаць гэты верш. Яна села на зямлю й без імпэту падзякавала Няўпаду.

«Узімку сьнег пакрыў зямлю,
А я табе адной пяю—»

пачаў той. «Адно што я чытаю, а не пяю,» дадаў ён у якасьці тлумачэньня.

«Я бачу, што вы не пеяце,» зазначыла Алеся.

«Калі ты можаш *бачыць*, пяю я ці не, значыць, у цябе на рэдкасьць востры зрок,» строга зацеміў Яўпат Няўпад. Алеся прамаўчала.

«Увесну, як прачнецца гай,
Мне патлумачыць песьню дай.»

«Калі ласка,» дазволіла Алеся.

«Улетку будзе дзень даўгі—
Напруж над песьняю мазгі.

А ўвосень, як зь нябёс пальє,
Пайдзі і занатуй яе.»

«Занатую, калі толькі да восені не забудуся,» паабяцала Алеся.

«Ня трэба рабіць няспынна гэтых заўваг,» абурыўся Яўпат Няўпад. «Яны недарэчныя і зьбіваюць мяне з панталыку.

Я ліст даслаў да морскіх рыб
З пытаньнем, ці яны маглі б.

Малыя рыбы тут жа мне
На гэта адпісалі: „Не“.

Адказ гучаў прыблізна так:
„Даруйце, пане, аніяк“.»

«Баюся, што я не зусім разумею,» засумнявалася Алеся.

«Далей будзе лягчэй,» супакоіў яе Яўпат Няўпад.

«Я напісаў ім допіс зноў,
Дзе раіў пазьбягаць адмоў.

З насьмешкай рыбы мне ў адказ:
„Што за настрой паганы ў вас!“

Пішы ім раз, пішы ім два:
А ім хоць не расьці трава.

Узяў я імбрык, што памерам
Адпавядаў маім намерам.

Мой дух бадай што скочыў вонкі:
Набраў я імбрык ля калёнкі.

Тут падыходзіць хтось нягеглы
І кажа: „Рыбкі спаць палеглі“.

А я яму без эківокаў
„Дык пабудзі іх!“ прагалёкаў.

Гучала гэта ясна й суха:
Я ўзяў ды крыкнуў проста ў вуха.»

Яўпат Няўпад прароў апошнія два радкі такім немым крыкам, што Алесю ўзялі дрыжыкі і яна падумала: «Не хацела б я прымаць *ніякіх* пасланьняў!»

«Ды ён быў стойкі і трывушчы.
Сказаў ён: „Не гарлайце ў вушы!“

Ды ён трывушчы быў і стойкі:
„Я пабудзіў бы іх, вось толькі—“

Тады гляйсар я ўзяў з паліцы,
Каб рыб самому дабудзіцца.

Яны ж на ключ замкнулі дзьверы!
Я біў абенаж, біў аберуч,

І ўрэшце выбухнуў: „Ах, так!“,
За дужку ўзяўшыся, аднак—»

Настала доўгая паўза.

«Гэта ўсё?» нясьмела спыталася Алеся.

«Гэта ўсё,» пацьвердзіў Яўпат Няўпад. «Бывай здаровая.»

Алесі здалося, што верш скончыўся неяк нечакана. Але ж пасьля такой *вельмі* недвухсэнсоўнай намінкі на тое, што яна мусіць ісьці, дзяўчынка адчула: заставацца будзе ня вельмі прыстойна. Таму яна ўстала й падала Яўпату Няўпаду на разьвітаньне руку. «Да пабачэньня! Спадзяюся, яшчэ сустрэнемся!» сказала яна як мага больш зычліва.

«Наўрад ці я цябе пазнаю, *нават* калі мы й сустрэнемся,» раздражнёна асадзіў Алесю Яўпат Няўпад, падаючы ёй палец. «Ты ж нічым не адрозьніваесься ад іншых.»

«Звычайна, людзей адрозьніваюць па тварах,» задуменна заўважыла дзяўчынка.

«Якраз на гэта я й скарджуся,» сказаў Яўпат Няўпад. «У цябе ж твар такі самы, як і ўва ўсіх. Двое вачэй, вось тут—» (з гэтымі словамі ён абрысаваў пястуком у паветры ейныя вочы). «Пасярэдзіне нос, пад ім рот. Усе твары аднолькавыя. Калі б твае вочы, напрыклад, былі не паабапал носа, а з аднаго боку ад яго, або каб рот быў на лобе—тады ўсё выглядала б *трошкі* прасьцей.»

«Але ня вельмі хараша,» не згадзілася Алеся. Аднак Яўпат Няўпад толькі заплюшчыў вочы й сказаў: «Ты спачатку паспрабуй.»

Алеся пачакала якую хвіліну, ці ня скажа ён чаго-небудзь яшчэ. Паколькі Яўпат больш не расплюшчваў вачэй і не шманаў на яе, яна яшчэ раз дала яму «бывай» і, не атрымаўшы адказу, спакойна рушыла прэч. Адыходзячы, Алеся не магла не падумаць: «З усіх вечна-незадаволеных асобаў—», і яна паўтарыла гэта ўголас, быццам вымаўленьне такога шматскладовага слова было для яе вялізнай асалодаю: «З усіх вечнанезадаволеных асобаў, якіх я *калі ў жыцьці* сустракала—» Яна так і ня скончыла сваёй фразы, бо ў тое самае імгненьне страшэнны грукат скалануў лес ад краю да краю.

Разьдзел VII

Леў і Аднарог

У наступны момант праз лес пачалі прабягаць жаўнеры: спачатку ўдвух-утрох, потым удзесяцёх ці нават удваццацёх адразу, і нарэшце павалілі такія натоўпы, што здавалася, быццам у лесе зусім не засталося вольнага ад іх месца. Алеся схавалася за дрэвам, баючыся, што яе затопчуць, і назірала, як ваяры бягуць міма.

Дзяўчынка падумала, што яшчэ ніколі ў жыцьці ня бачыла ваякаў, якія б так няўпэўнена трымаліся на нагах: жаўнеры ўвесь час на штосьці натыкаліся ці ўразаліся адзін у аднаго. Варта было камусьці зь іх упасьці, як некалькі іншых падалі сьледам, і ў выніку зямля неўзабаве пакрылася невялічкімі купкамі людзей.

Потым зьявіліся вершнікі. Дзякуючы таму, што ў коней былі чатыры нагі, а ня дзьве, як у жаўнераў, дык і раўнавагу яны трымалі крыху лепей, але ўсё адно сям-там спатыкаліся. Як толькі конь дзе аступаўся, вершнік, як правіла, імгненна вылятаў зь сядла. Сумятня рабілася ўсё больш невыносная, і Алеся вельмі ўзрадавалася, калі здолела выбрацца зь лесу на адкрытую прастору. Там яна натрапіла на Белага Караля, які сядзеў на зямлі й нешта засяроджана пісаў у сваёй памятнай кнізе.

«Я паслаў усіх, каго мог!» закрычаў усьцешаны Кароль, толькі ўбачыўшы Алесю. «Табе, даражэнькая, часам не сустрэліся ў лесе якія жаўнеры?»

«Сустрэліся,» пацьвердзіла Алеся. «На маё вока, іх было якіх пару тысячаў.»

«Дакладная лічба—чатыры тысячы дзьвесьце сем,» сказаў Кароль, зазіраючы ў памятную кнігу. «Як ты разумееш, я ня мог паслаць усёй сваёй коннай сілы, бо два вершнікі патрэбныя мне для гульні. А яшчэ я пакінуў сабе двух вестуноў. Абодва яны выправіліся ў места. Кінь пагляд на дарогу ды скажы мне, ці не відаць нейкага зь іх.»

«На ўсёй дарозе—нікога,» паведаміла Алеся.

«Каб жа ў *мяне* былі такія відушчыя вочы!» зрабілася прыкра Каралю. «Гэта ж пабачыць на дарозе Нікога! Ды яшчэ на такой адлегласьці! Усё, што *я* магу пабачыць пры такім асьвятленьні,—гэта сапраўдныя людзі!»

Алеся не пачула наракканьняў Караля, бо па-ранейшаму напружана ўглядалася ў далячынь, назіраючы з-пад рукі за дарогаю. «Вось цяпер я некага бачу!» нарэшце абвясьціла яна. «Але гэты нехта набліжаецца вельмі памалу, і зь нейкімі незвычайнымі выкрунтасамі!» (Вястун і напраўду ўвесь час скакаў туды-сюды й вывіваўся, як уюн, расставіўшы ў бокі свае агромністыя рукі, што нагадвалі два веера.)

«Нічога незвычайнага,» запярэчыў Кароль. «Гэта старасьвецкі вястун, і ў яго тыповыя старасьвецкія выкрунтасы. Ён вырабляе іх толькі тады, калі ў яго ўсё ўдаецца. Ягонае імя Заязь.» (У Караля гэта прагучала як рыфма да слова „завязь“.)

«Алеся абагаўляе Заязя за тое,» нечакана для сябе пачала дзяўчынка, «што Заязь зух. Алеся асуджае Заязя за тое, што Заязь зануда. Алеся адкормлівае Заязя з—з—зразамі й зуброўкаю. Заязь завецца Заязь, і ён знаходзіцца ў—»

«Ён знаходзіцца ў замку,» прастадушна падказаў Кароль, ня маючы найменшага ўяўленьня пра тое, што далучаецца тым самым да гульні, тады як Алеся ўсё яшчэ спрабавала прыгадаць назву якога-небудзь гораду на „З“. «Другога вестуна завуць Шампавал,»[13] працягваў Кароль.

«Ты ж разумееш, я мушу мець *двух* вестуноў—ад мяне й да мяне. Аднаго ад мяне, а другога да мяне.»

«Што вы сказалі, перапрашаю?» папыталася дзяўчынка.

«Быць папрашайкаю нядобра,» заўважыў Кароль.

«Ды не, я вас проста не зразумела,» патлумачыла Алеся. «Як гэта, аднаго ад вас, а другога да вас?»

«Дык я ж табе кажу,» страціў цярпеньне Кароль. «Я мушу мець *двух* вестуноў—на аднос і на прынос. Аднаго на аднос, другога на прынос.»

Тут якраз прыбыў вястун. Ён так задыхаўся, што ня мог нічога сказаць, і быў здольны толькі махаць рукамі й палохаць беднага Караля страшэннымі грымасамі.

«Гэтая маладая спадарычна абагаўляе цябе за зухаватасьць,» сказаў Кароль, адрэкамэндоўваючы вестуну Алесю, каб адвесьці ягоную ўвагу ад сябе. Але нічога ў Караля не атрымалася—старасьвецкія выкрунтасы вестуна рабіліся ўсё больш выкшталцоныя, а ягоныя пукатыя вочы ўсё больш дзіка варочаліся ў розныя бакі.

«Ты мяне палохаеш!» выгукнуў Кароль. «Я млею—Дай мне зразаў!»

Вястун зараз жа, на вялікае Алесіна зьдзіўленьне, адчыніў кайстру, што вісела ў яго на шыі, і дастаў адтуль зразу для Караля—той прагна ўмяў пачастунак.

«Яшчэ адну!» запатрабаваў Кароль.

«Акрамя зуброўкі, больш нічога не засталося,» расчараваў яго вястун, пазіраючы ў кайстру.

«Тады давай зуброўку,» ледзь чутна прамармытаў Кароль.

Алеся ўсьцешылася, калі пабачыла, што ад ежы Каралю значна палепшала. «Нішто так не дапамагае ад млявасьці, як зуброўка,» кінуў ён дзяўчынцы, не перастаючы жаваць траву.

«Мне здаецца, тут больш дапамагло б, каб вас аблілі халоднай вадою або далі нюхнуць нашатырнага сьпірту,» параіла Алеся.

«Я не сказаў, што нешта іншае не дапамагло б *больш*,» удакладніў Кароль. «Я сказаў, што нішто *так* не дапамагае, як зуброўка.» Гэтага Алеся адмаўляць не наважылася.

«Каго ты абагнаў па дарозе?» спытаўся Кароль, ізноў выцягваючы да вестуна руку па ахапак зуброўкі.

«Нікога,» адказаў вястун.

«Слушна,» пагадзіўся Кароль. «Маладая спадарычна таксама яго бачыла. Вядома ж, мяркуючы паводле спазьненьня—Ніхто табе ня пара.»

«Хутчэй бегаць я ўжо не магу,» паныла апраўдваўся Заязь. «Хто зь вестуноў хутчэйшы за мяне? Ніхто!»[14]

«Дзе там хутчэйшы,» запярэчыў Кароль. «У такім разе Ніхто быў бы тут першы. Так ці інача, ты ўжо аддыхаўся й можаш нам урэшце сказаць, што адбылося ў месьце.»

«Я лепш прашапчу,» сказаў вястун і склаў рукі рупарам вакол рота, нахіліўшыся да самага каралеўскага вуха. Алеся пашкадавала, што ня зможа пачуць навіны. Але ж замест шэпту Заязь прароў немым крыкам: «Яны зноў там!»

«*Гэта* ты называеш шэптам?» ускрыкнуў небарака Кароль, падскочыўшы на месцы. Яго ўсяго ажно калаціла. «Яшчэ раз такое зробіш, і я цябе асьвяжу, то бок асьвяжую! Твой крык праціў маю галаву, як землятрус!»

«Калі гэта быў землятрус, то нейкі вельмі слабы!» падумалася Алесі. «А хто гэта яны?» наважылася пацікавіцца дзяўчынка.

«Хто ж яшчэ, як ня Леў з Аднарогам,» адказаў Кароль.

«Яны б'юцца за карону?»

«А як інача?» пацьвердзіў Кароль. «І самае сьмешнае, што карона пры гэтым *мая*! Бяжым на іх паглядзім!» І яны пабеглі, а Алеся дарогаю паўтарала сабе словы старажытнай песенькі:—

«Карону Леў і Аднарог не падзялілі ў месьце:
Прылюдна Аднарогу змог паразу Леў нанесьці.
Ім хлеб прынесьлі і пірог (разынкі клалі ў цеста),
Ды толькі грукат бубнаў змог абодвух выгнаць зь
места».

«А той—хто—пераможа—атрымае карону?» спыталася дзяўчынка, наколькі гэта ў яе выйшла, бо ад бегу ёй заняло дыханьне.

«Крый Божа, не!» жахнуўся Кароль. «Што за думка?»

«Ці не маглі б вы—з аглядкаю на мяне—» застагнала Алеся, прабегшы яшчэ крышку, «на хвілінку—спыніцца, каб я магла—трошкі аддыхацца?»

«Я заўжды бегаю *без* аглядкі,» сказаў Кароль, «бо *хадзіць* як сьлед не магу. Дый хвілінка, на якой ты хацела спыніцца, даўно мінула. Ты яшчэ паспрабуй спыніць Крывасек!»[15]

Алеся так задыхалася, што не магла больш размаўляць. Таму яны беглі далей моўчкі, пакуль канец канцоў ня ўбачылі вялізнага натоўпу, пасярод якога Леў з Аднарогам вялі двубой. Супернікаў закрывала такая хмара пылу, што Алеся доўга не патрапляла разгледзець, хто зь іх хто. Неўзабаве яна пазнала-такі Аднарога, дый тое адно дзякуючы ягонаму рогу.

Заязь, Кароль і Алеся занялі месца непадалёк ад Шампавала, вестуна нумар два, які назіраў за двубоем, трымаючы ў адной руцэ кубачак з гарбатаю, а ў другой лусту хлеба з маслам.

«Ён кагадзе выйшаў з астрогу. Яму нават не далі дапіць гарбаты пры затрыманьні,» прашаптаў Заязь на вуха Алесі. «А ў астрозе ім даюць толькі вустрычныя ракавінкі, так што, як бачыш, ён памірае ад голаду й смагі. Як маесься, дзіцятка?» зьвярнуўся ён да Шампавала, зычліва кладучы яму руку на плячо.

Шампавал азірнуўся, кіўнуў галавою й далей ласаваўся хлебам.

«Ці добра табе было ў астрозе, дзіцятка?» спытаўся Заязь.

Шампавал ізноў азірнуўся, але не сказаў ні слова, толькі сьляза ці дзьве пакаціліся па ягонай шчацэ.

«Што ты як гарбаты ў рот набраў!» страціў цярплівасьць Заязь. Але Шампавал толькі чмякаў і прысёрбваў далей.

«Ды скажаш ты нешта ці не!» павысіў на яго голас Кароль. «Як у іх тут з двубоем?»

Шампавал з гераічным намаганьнем пракаўтнуў буйны кавалак лусьціка. «Вельмі добра,» прастагнаў ён, ледзь не папярхнуўшыся, «абодва ўжо былі на зямлі разоў па восемдзесят сем.»

«Тады, мяркую, неўзабаве прынясуць пачастунак?» насьмелілася заўважыць Алеся.

«Ён ужо чакае,» пацьвердзіў Шампавал. «Я якраз узяў сабе трошку хлеба.»

У гэтае імгненьне двубой перапыніўся, і Леў з Аднарогам прыселі на зямлю, цяжка дыхаючы, а Кароль абвясьціў: «Дзесяць хвілін на падсілкаваньне!» Заязь і Шампавал зараз жа ўзяліся абносіць прысутных хлебам на круглых тацах. Алеся ўзяла кавалачак хлеба, каб пакаштаваць, аднак той быў *вельмі* сухі.

«Ня думаю, што сёньня бітва працягнецца,» сказаў Кароль Шампавалу, «пайдзі загадай бубнаром пачынаць.» І Шампавал паскакаў прэч, як той конік.

Колькі хвілінаў Алеся стаяла моўчкі, назіраючы за ім. Раптам яна ўзрадавалася: «Зірнеце, зірнеце!» закрычала яна, узрушана паказваючы некуды пальцам. «Вунь цераз палі імчыць Белая Каралева! Яна якраз выбегла з таго ляска на даляглядзе—*Як* жа хутка лётаюць гэтыя каралевы!»[16]

«Няма сумневу, за ёю гоніцца вораг,» патлумачыў Кароль, нават не пазіраючы ў той бок. «У тым лесе процьма ворагаў.»

«Дык чаму тады вам не падбегчы й не памагчы ёй?» спыталася Алеся, вельмі зьдзіўленая такой спакойнай рэакцыяй Караля.

«Які сэнс, які сэнс!» махнуў рукою Кароль. «Яна бяжыць хутка, як падсмаленая. Ты паспрабуй яшчэ спыніць Крывасек! Але калі ўжо табе так хочацца, я складу пра яе памятку. Яна вельмі добрая й мілая па натуры,» дадаў ён сабе пад нос, разгортваючы памятную кнігу. «Як пішацца „па натуры“—разам ці асобна?»

У гэтае імгненьне паўз іх, засунуўшы рукі ў кішэні, правалюхаўся Аднарог. «Ну, як, гэтым разам я паказаў сябе лепшым за Льва?» кінуў ён мімаходзь Каралю, амаль не спыняючы на ім позірку.

«Бадай—бадай,» адказаў Кароль трохі знэрвавана. «Толькі больш не бадайся, а то ты ажно прапіхнуў яго рогам.»

«Я ж яго не параніў,» прабубніў абыякава Аднарог і ўжо хацеў сысьці, як раптам ягонае вока запынілася на Алесі. Ён зараз жа павярнуўся й пачаў яе разглядаць, не хаваючы пры гэтым сваёй агіды.

«Што—гэта—такое?» урэшце папытаўся ён.

«Гэта дзіцё!» сьпешна адказаў Заязь, стаўшы паперадзе Алесі, каб адрэкамэндаваць яе, і выцягнуў да дзяўчынкі абедзьве рукі ў адным з сваіх старасьвецкіх выкрунтасаў.

«Толькі сёньня знойдзенае. Тут вы яго бачыце ў натуральную велічыню і ў два разы сапраўднейшым.»

«Я заўсёды лічыў дзяцей казачнымі страшыдламі!» прызнаўся Аднарог. «Яно жывое?»

«Яно нават размаўляе,» урачыста пацьвердзіў Заязь.

Аднарог мройна зірнуў на Алесю й папрасіў: «Прамоў, дзіцё.»

Алеся не ўтрымалася: як толькі яна раскрыла рот, яе вусны самі склаліся ва ўсьмешку: «А вы ведаеце, што я таксама заўсёды лічыла аднарогаў казачнымі страшыдламі? Я ніколі ня бачыла жывога аднарога!»

«Ну вось, раз мы нарэшце *пабачыліся*,» сказаў Аднарог, «то калі ты будзеш верыць цяпер у мяне, я паверу ў цябе. Дамовіліся?»

«Добра, як вы так хочаце,» пагадзілася Алеся.

«Ну, дазтавай пірог, дзеду!» зьвярнуўся Аднарог да Караля. «Свой чорны хлеб самі ежце!»

«Зараз, зараз!» мармытнуў Кароль і падаў знак Заязю, прашаптаўшы: «Адчыні кайстру! Не марудзь! Ды ня гэтую—тут зуброўка!»

Заязь выняў з кайстры здаравенны пірог і даў яго патрымаць Алесі, а сам тым часам даставаў місу й кухонны нож. Дзяўчынка не разумела, адкуль столькі ўсяго магло ўзяцца ў кайстры, і падумала, што тут пахне штукарствам.

Пакуль тое, да іх далучыўся Леў. Ён выглядаў вельмі стомлена й заспана ды пазіраў вакол прымружанымі вачыма. «А гэта што?» зьдзівіўся ён, лянiва глянуўшы на Алесю. Ягоны голас гучаў глыбока й глуха, нібы ўдары вялізнага звона.

«Ага, ну дык *што* гэта?» падхапіў Аднарог. «Дзе табе здагадацца! Нат *я* не здагадаўся.»

Леў без імпэту зірнуў на Алесю. «Ты—жывёліна? Ці—гароднiна? Ці мо—выкапень?» спытаўся ён, пазяхаючы на кожным другім слове.

«Гэта казачнае страшыдла!» пракрычаў Аднарог, не даючы Алесі адказаць.

«Тады давай, раздавай пірог, Страшыдла,» загадаў Леў і расьцягнуўся на зямлі, падпёршы бараду лапамі. «І сядайце абодва, ня стойце,» зьвярнуўся ён да Караля й Аднарога. «А ты глядзі, дзялі роўна!»

Каралю відавочна вельмі не хацелася сядаць паміж двума вялікімі зьвярамі, але іншага месца для яго не знайшлося.

«Вось *зараз* файна было б пабіцца за карону!» заўважыў Аднарог, хітравата паглядаючы на яе самую—тая ледзьве трымалася на галаве ў Караля, бо ўвесь ён трымцеў ад боязі.

«Я б цябе перамог раз-два,» заявіў Леў.

«Бабка надвое варажыла,» кінуў у адказ Аднарог.

«Ды я ж прылюдна ганяў цябе па ўсім месьце, як зайца!» абурана выгукнуў Леў, прыпадымаючыся зь зямлі.

Тут ужо, каб не дапусьціць працягу бойкі, умяшаўся Кароль: ён вельмі нэрваваўся, і ягоны голас дрыжаў. «Па ўсім месьце?» перапытаўся ён. «Але места—панятак шырокі. Ці былі вы на старым мосьце, або ля гандлёвых радоў? З старога мосту адкрываецца найпрыгажэйшы від.»

«А я што ведаю,» прарыкаў Леў, ізноў ладкуючыся на зямлі. «За пылам не было відаць ніякага віду—Ну й марудзіць Страшыдла з гэтым пірагом!»

Алеся сядзела на беражку ручайка, трымаючы вялізную місу на каленях, і сумленна пілавала пірог нажом. «Як мяне гэта злуе!» азвалася яна на словы Льва (бо памалу звыкалася зь мянушкаю «Страшыдла»). «Я ўжо адрэзала колькі кавалкаў, але ж яны зноў пазьліпаліся!»

«Ты проста ня ўмееш абыходзіцца зь люстранымі пірагамі,» заўважыў Аднарог. «Спачатку раздай, а нарэжаш потым.»

Гэта гучала бязглузьдзіцаю, аднак Алеся паслухмяна падхапілася ды абышла ўсіх зь місаю. І сапраўды, пірог адразу ж падзяліўся на тры часткі сам па сабе. «А вось *цяпер* разразай,» сказаў Леў пасьля таго, як дзяўчынка вярнулася на сваё месца з пустой місаю.

«Ну хіба ж гэта справядліва!» залямантаваў тут Аднарог, хоць Алеся толькі яшчэ ўзяла нож і нават не пачынала рэзаць, бо ня ведала як. «Страшыдла адкроіла Льву ў два разы большую долю, чым мне!»[17]

«Як бачыш, сабе яна нічога не пакінула,» заўважыў Леў. «Табе не смакуе пірог з разынкамі, Страшыдла?»

Аднак не пасьпела Алеся адказаць, як пачуўся бой бубнаў.

Яна не магла вызначыць, адкуль даносілася гэтае грукатаньне. Яно поўніла ці ня ўсё навакольле і гуло ў Алесі ўвушшу так моцна, што дзяўчынка ледзь не аглухла. Апанаваная жахам, яна ўсхапілася дый сіганула праз маленькі ручай,

яшчэ патрапіўшы ўбачыць, як Леў і Аднарог паўскоквалі, раззлаваныя тым, што іхную бяседу перапынілі. Алеся ўкленчыла й заціснула вушы рукамі, марна спрабуючы заглушыць жудасны рокат бубнаў.

«Калі *гэтакі* грукат іх ня выганіць зь места,» падумала Алеся, «дык ужо нішто й ніколі ня выганіць!»

Разьдзел VIII

«Гэта я сам прыдумаў»

Неўзабаве грукат пачаў як быццам спакваля заціхаць, і ўрэшце запанавала замагільная ціша. Алеся насьцярожана ўзьняла галаву. Наўкол не было нікога, і дзяўчынцы найперш здалося, што яна, відаць, прысьніла Льва, Аднарога й абодвух старасьвецкіх дзівакоў-вестуноў. Тым ня менш вялізная міса, на якой Алеся спрабавала была падзяліць пірог, усё яшчэ ляжала ў яе пад нагамі. «Значыцца, я гэтага ўсё-такі не прысьніла,» сказала сама сабе дзяўчынка, «калі толькі—Калі толькі ўсе мы разам—не героі аднаго вялікага сну. Ну і няхай, абы гэты сон сьніла *я*, а ня Чырвоны Кароль! Я не люблю, калі мяне сьняць чужыя людзі,» дадала яна незадаволена. «Я гатовая нават пайсьці й пабудзіць Чырвонага Караля, каб пабачыць, што будзе!»

У гэты момант ейныя думкі перарвалі гучныя выгукі: «Но! Но! Шах!»—і вершнік у крывава-чырвоным панцыры падскакаў да яе галёпам, размахваючы вялікай булавою. Як толькі ён апынуўся побач з Алесяй, конь пад ім рэзка спыніўся. «Бяру цябе ў палон!» крыкнуў Вершнік іываліўся зь сядла.

Нягледзячы на ўвесь свой спалох, Алеся цяпер баялася за яго больш, чым за сябе, і з пэўнай трывогаю назірала за тым, як Вершнік ізноў залазіў на каня. Уладкаваўшыся ў сядле, ён яшчэ раз абвясьціў: «Бяру цябе—» але тут нехта іншы закрычаў: «Но! Но! Шах!» і Алеся зьдзіўлена азірнулася, шукаючы вачыма яшчэ аднаго ворага.

Гэта быў таксама Вершнік, толькі Белы. Ён падскакаў да Алесі з другога боку і ўпаў з каня так жа сама, як перад гэтым Чырвоны. Затым ён ізноў вярнуўся ў сядло, і нейкі час абодва вершнікі сядзелі й моўчкі глядзелі адзін на аднаго. Зьбянтэжаная Алеся пазірала то на Чырвонага, то на Белага.

«Гэта *я* ўзяў яе ў палон, прызнай!» прамовіў нарэшце Чырвоны Вершнік.

«Так, але потым зьявіўся *я* і вызваліў яе!» запярэчыў яму Белы.

«Тады мы павінны біцца за яе,» выснаваў Чырвоны Вершнік і надзеў свой шлем, які дагэтуль вісеў на сядле. Формаю шлем нагадваў конскую галаву.

«Спадзяюся, ты будзеш датрымліваць Правілы Бою?» папытаўся Белы Вершнік, таксама надзяваючы свой шлем.

«Я іх заўжды датрымліваю,» сказаў Чырвоны Вершнік, і яны ўзяліся дубасіць адзін аднаго так люта, што Алеся ажно схавалася за дрэва, каб крый Божа ня трапіцца ім пад руку.

«Цікава, што гэта за Правілы Бою,» думала яна, раз-пораз баязьліва вызіраючы з сваёй схованкі. «Відаць, па-першае, калі адзін вершнік патрапіць па другім, дык другі, як Правіла, падае з каня, а калі не патрапіць, дык, як Правіла, падае сам. Па-другое, як Правіла, яны трымаюць свае булавы нязграбна, быццам марыянэткі. А ўжо як грымяць, калі падаюць з коней! Гэта як калі ўсе жалязякі разам ляснуцца аб камінныя краты! І якія рахманыя ў гэтых рыцараў коні! Дазваляюць ім увесь час гойсаць то ў сядло, то зь сядла—Не раўнуючы драўляныя!»

Яшчэ адным Правілам Бою, да якога Алеся не дадумалася, было, праўдападобна, тое, што вершнікі, як Правіла, падалі з коней дагары нагамі. У выніку змаганьне скончылася так, што абодва рыцары зваліліся на зямлю адзін пры адным. Неўзабаве яны зноў падняліся, парукаліся, Чырвоны Вершнік ускочыў на каня й паімчаў прэч.

«Слаўная перамога, ці ня праўда?» выцiснуў зь сябе задыханы Белы Вершнік, падыходзячы да Алесі.

«Ня ведаю,» засумнявалася тая. «Я не хачу трапляць ні да кога ў палон. Я хачу быць каралеваю!»

«Будзеш, як толькі пяройдзеш наступны ручай,» супакоіў малую Белы Вершнік. «Са мною ты бясьпечна пройдзеш празь лес—вось толькі потым мне трэба будзе назад. Мой ход далей не вядзе.»

«Шчыра вам удзячная,» сказала Алеся. «Ці магу я дапамагчы вам зьняць шлем?» Было відавочна, што зьняць яго самастойна вершнік ня ў змозе. Так-сяк накасяк, Алеся такі вытрусіла рыцара з шлема.

«Ну, цяпер ільга ўздыхнуць вальней,» з гэтымі словамі Белы Вершнік адкінуў рукамі назад свае кудлатыя валасы, і Алеся ўбачыла ягоны высакародны твар.[18] Рыцар глядзеў на яе вялікімі лагоднымі вачыма, і дзяўчынка падумала, што ніколі ў жыцьці яшчэ ня бачыла ваяра, які выглядаў бы так дзіўна.

На Белым Вершніку быў бляшаны панцыр зусім не зь ягонага пляча. На сьпіне ў яго вісела драўляная скрынка нязвыклай формы. Яна была прымацаваная дагары нагамі, а яе адкрытае вечка зьвісала долу. Алеся пазірала на скрынку зь вялікай цікаўнасьцю.

«Я гляджу, ты ў захапленьні ад маёй скрыначкі,» прыхільна заўважыў Вершнік. «Гэта я сам прыдумаў, каб трымаць там вопратку й лусьцікі. Як бачыш, я нашу яе дагары нагамі, каб туды не нападаў дождж.»

«Але ж рэчы могуць пападаць *адтуль*,» мякка зазначыла Алеся. «Вы ведаеце, што вечка адчыненае?»

«Не, гэтага я ня ведаў,» прызнаўся Вершнік, і цень роспачы прабег па ягоным твары. «Дык, напэўна, усе мае рэчы павыпадалі! Якая карысьць ад пустой скрынкі?» Сказаўшы гэта, Белы Вершнік адвязаў скрынку і зьбіраўся ўжо выкінуць яе ў кусты, як раптоўна ў яго зьявілася лепшая ідэя. Акуратна павесіўшы скрынку на дрэва, ён папытаўся ў Алесі: «Здагадваесься, навошта я гэта зрабіў?»

Алеся адмоўна пакруціла галавою.

«Я зрабіў гэта з разьлікам на тое, што ў скрынцы пасяляцца пчолы, і тады я атрымаю мёд.»

«Але ж у вас на сядле ўжо вісіць адзін вулей ці нешта падобнае да яго,» нагадала яму Алеся.

«Так, і гэта вельмі добры вулей,» крыху расчаравана пацьвердзіў Вершнік. «Найлепшага кшталту. Але пакуль што ніводная пчала не зацікавілася ім. Да таго ж, побач пастка на мышэй. Відаць, ці то мышы аднаджваюць пчолаў, ці то наадварот—пчолы мышэй, цяжка сказаць.»

«А то я думаю, навошта вам пастка,» сказала Алеся. «Мне штосьці ня верыцца, што на сьпіне ў каня вядуцца мышы.»

«Мо гэта й сапраўды малапраўдападобна,» дапусьціў Вершнік, «аднак, калі яны *ўсё-такі* завядуцца, я не зьбіраюся дазваляць ім па мне бегаць.»

«Разумееш,» дадаў ён пасьля паўзы, «варта ж быць падрыхтаваным да *ўсяго*. Вось чаму на нагах у каня гэтыя бранзалеты з шыпамі.»

«А нашто яны?» не магла не пацікавіцца Алеся.

«Каб акулы не пакусалі,» патлумачыў Вершнік. «Гэта я сам прыдумаў. А зараз дапамажы мне залезьці ў сядло. Я праваду цябе праз лес—Навошта табе гэтая міса?»

«У ёй быў пірог,» адказала Алеся.

«Лепш будзе ўзяць яе з сабою,» пастанавіў Вершнік. «Яна можа нам прыдацца, калі мы дзе натрапім на пірог. Давай засунем яе ў торбу.»

Нягледзячы на тое, што Алеся трымала торбу як сьлед, запіхваньне місы заняло ў іх нямала часу, бо Вершнік аказаўся ў гэтым *такім* недарэкам, што першыя два ці тры разы сам трапляў у торбу замест місы. «Бач ты яе, ледзьве ўпіхнулі,» сказаў ён, калі міса ўрэшце апынулася ў торбе. «Там у мяне проста зашмат падсьвечнікаў.» І ён прычапіў торбу да сядла, ужо абвешанага пукамі морквы, абцугамі, качарэжкамі й шмат чым яшчэ.

«Спадзяюся, ты добра завязала стужкаю валасы?» спытаўся Вершнік, калі яны ўрэшце выдаліся ў дарогу.

«Як звычайна,» усьміхнулася Алеся.

«Гэтага недастаткова,» занепакоіўся Вершнік. «Як бачыш, вецер тут *вельмі* моцны. Моцны, як кава.»

«А вы ўжо прыдумалі, як зрабіць так, каб валасы не кудлаціў вецер?» пацікавілася Алеся.

«Яшчэ не,» прызнаўся Вершнік. «Затое я прыдумаў, як зрабіць так, каб валасы не *выпадалі*.»

«Калі ласачка, раскажыце, як!»

«Спачатку трэба ўзяць роўную тычку,» тлумачыў Вершнік, «потым падперці ёю валасы так, каб яны віліся вакол яе, быццам вінаград. Бо прычына выпаданьня валасоў у тым, што яны зьвісаюць *долу*—нішто ж ня можа ўпасьці *ўгару*, сама разумееш. Вось такі прынцып маёй вынаходкі. Можаш яе выпрабаваць, калі хочаш.»

Алесі здалося, што гэта не найлепшы сродак ад выпаданьня валасоў. Колькі хвілінаў яна ішла моўчкі, абдумляючы Вершнікаву ідэю, і пры гэтым раз-пораз прыпынялася, каб дапамагчы свайму гора-спадарожніку, які, трэба сказаць, *зусім* ня ўмеў езьдзіць на кані.

Варта было каню спыніцца (а спыняўся ён даволі часта), як Вершнік падаў тварам наперад, а як толькі конь зрушваўся зноў (звычайна, досыць рэзка), ягоны гаспадар валіўся назад. У астатнім Вершнік трымаўся даволі добра, адно што ў яго была звычка час ад часу зьяжджаць то на адзін бок, то на другі—збольшага на той, зь якога дрыпала Алеся. Неўзабаве дзяўчынка зразумела, што ёй лепш за ўсё ісьці *ня надта* блізка ад каня.

«Баюся, у вас невялікі досьвед коннай язды,» выказала яна ўрэшце здагадку, пяты раз запар дапамагаючы Вершніку вярнуцца ў сядло.

Белы Вершнік паглядзеў на Алесю ў невыказным зьдзіўленьні, крыху пакрыўджаны яе заўвагаю. «Чаму ты так лічыш?» спытаўся ён пасьля таго, як ізноў ускараскаўся ў сядло, ухапіўшыся за пасму Алесіных валасоў, каб не зваліцца на другі бок.

«Таму што тыя, хто мае вялікі досьвед язды на кані, ня падаюць зь яго так часта.»

«У мяне досьведу—гібель,» цалкам сур'ёзна запэўніў яе Вершнік. «Хоць дарма аддавай!»

Алеся не прыдумала нічога лепшага, як сказаць «Няўжо?», але прамовіла гэта так сардэчна, як толькі магла. Пасьля яны нейкі час рухаліся моўчкі, прычым Вершнік ехаў з заплюшчанымі вачыма і ўвесь час нешта мармытаў сабе пад нос, тады як Алеся пільнавала, каб ён, крый Божа, ізноў ня ўпаў.

«Сакрэт мастацтва коннай язды,» пачаў зь нічога ніякага Вершнік гучным голасам, махаючы правай рукою, «у тым, што—» Тут ягоная сэнтэнцыя абарвалася гэтак жа нечакана, як і пачалася: Вершнік грымнуўся галавою на дарогу проста пад ногі Алесі. Гэтым разам дзяўчынка не на жарт спалохалася. «Спадзяюся, косьці ў вас цэлыя?» заклапочана спыталася яна, ізноў падымаючы рыцара.

«Ат, драбяза!» супакоіў яе Вершнік, быццам зусім быў ня супраць зламаць сабе дзьве-тры косьці. «Такім чынам, сакрэт мастацтва коннай язды ў тым, што трэба навучыцца трымаць раўнавагу. Як я, зірні—»

Ён адпусьціў аброць і выцягнуў рукі ў бакі, каб паказаць Алесі, што мае на ўвазе, але тут жа паваліўся назад і грымнуўся на сьпіну, апынуўшыся пад капытамі ў каня.

«Гібель досьведу!» усё прыгаворваў ён, пакуль Алеся яго падымала. «Праз вушы лезе!»

«Гэта проста сьмех нейкі!» крыкнула Алеся, нарэшце страціўшы цярпеньне. «Вам патрэбны драўляны канёк на колах, вось што я вам скажу!»

«А што, драўляныя не такія рэзкія?» шчыра зацікавіўся Вершнік, пасьпеўшы абхапіць каня рукамі за шыю, каб ня ўпасьці зноў.

«Зусім не такія, ня тое што сапраўдныя!» усклікнула Алеся са сьмехам у голасе, ня здолеўшы захаваць сур'ёзнасьці, дарма што старалася.

«Прыдбаю сабе,» глыбакадумна сказаў Вершнік. «Аднаго ці двух—некалькіх.»

Пасьля гэтых словаў нейкі час было ціха, а тады зноў загаварыў Вершнік: «Я—майстар вынаходзіць розныя штуковіны. Бадай, ты заўважыла, калі падымала мяне зь зямлі апошні раз, што я быў зьлёгку такі задуменны?»

«*Былі*—трошкі азмрочаны,» удакладніла Алеся.

«Дык вось, якраз тады я прыдумляў новы спосаб пераскокваньня цераз плот. Хочаш даведацца, які гэта спосаб?»

«Вельмі, не сумнявайцеся,» ветліва адказала Алеся.

«Апавяду табе, як я да яго даўмеўся,» працягваў Вершнік. «Ведаеш, я сказаў сабе: „Асноўная праблема—ногі, бо *галава* ўжо знаходзіцца на патрэбнай вышыні“. Значыць, кладу спачатку галаву на верх плоту—так галава апынаецца на патрэбнай вышыні. Потым устаю на галаву—цяпер і ногі на патрэбнай вышыні. Вось і пераскочыў! Галоўнае—пакласьці куды трэба галаву.»

«Мяркую, пасьля такога вы, хутчэй, налажылі б галавою,» засумнявалася Алеся. «Ці не здаецца вам, што ваш спосаб даволі складаны?»

«Я так яшчэ не спрабаваў,» панура прызнаўся Вершнік, «таму не скажу табе дакладна, але баюся, што мне *напраўду* магло б быць цяжкавата.»

Гэтая думка прывяла яго ў такую роспач, што Алеся пасьпяшалася зьмяніць тэму. «Які ў вас цікавы шлем!» нязмушана заўважыла яна. «Яго вы таксама вынайшлі?»

Вершнік з гонарам зірнуў на свой шлем, прымацаваны да сядла. «Так,» пацьвердзіў ён. «Але перад ім я вынайшаў яшчэ адзін, лепшы—у форме вялізнага кулька для цукерак. Варта мне было ў тым шлеме ўпасьці зь сядла, як ён адразу вострым канцом ўтыкаўся ў зямлю. Таму, як ты разумееш, маё падзеньне доўжылася *вельмі* каратка—З другога боку, *была* небясьпека ўваліцца *ў* сам шлем—гэтага я не аспрэчваю. Аднаго разу так і сталася—і самае горшае тое, што не пасьпеў яшчэ я зь яго вылезьці, як прыйшоў другі Белы Вершнік і надзеў шлем разам са мною ўсярэдзіне. Яму падалося, што гэта ягоны шлем.»

Вершнік прамовіў гэта з такім урачыстым выглядам, што Алеся не адважылася засьмяяцца. «Баюся, таму рыцару прыйшлося нясоладка, калі вы сядзелі ў яго на галаве,» сказала дзяўчынка дрыготкім голасам.

«Я быў вымушаны ўдарыць яго нагою,» зусім бяз жарту сказаў Вершнік. «Пасьля гэтага ён такі зьняў мой шлем, а вось мяне вымалі яшчэ доўгія гадзіны. Я вылазіў марудна, як—бліскавіца.»

«Аднак бліскавіца ж значна хутчэйшая,» запярэчыла Алеся.

Вершнік пакруціў галавою. «Так хутка, як я, не марудзіць ніхто, запэўніваю цябе!» у вялікай узрушанасьці ўсклікнуў ён, падняўшы рукі ўгару, і тут жа высьлізнуў зь сядла ды зь лёту кульнуўся ў глыбокі роў.

Алеся падбегла да рову, выглядаючы там Вершніка. Ягонае падзеньне засьпела яе зьнянацку, бо пэўны час рыцар трымаўся ў сядле даволі добра. Дзяўчынка баялася, што гэтым разам ён *сапраўды* нешта сабе пашкодзіў. З рову вытыркаліся толькі падэшвы ягоных ботаў, таму яна ўздыхнула з палёгкаю, пачуўшы, як Вершнік балбоча сабе, і ні лыс. «Ніхто так не марудзіць,» паўтарыў ён. «Але перадусім той рыцар зрабіў вельмі неабачліва, надзеўшы чужы шлем, у якім, да таго ж, нехта ўжо быў.»

«*Як* вы можаце так спакойна весьці размову, лежачы галавою ўніз?» спыталася Алеся ў Вершніка пасьля таго, як ледзь выцягнула яго за ногі на ўскраек рову.

Вершніка, мяркуючы з усяго, зьдзівіла гэтае пытаньне. «Якая розьніца, дзе там знаходзіцца маё цела?» заявіў ён. «Мой дух чуйнуе незалежна ад яго. Насамрэч, чым часьцей я ўдараюся галавою, тым лепей мне прыдумляюцца ўсякія навінкі.»

«А самая мудрагелістая рэч, якую я калі прыдумаў,» працягваў Вершнік пасьля паўзы, «гэта новы гатунак пудынгу. Яго я вынайшаў за абедам між першай і другой стравамі.»

«Каб яго пасьпелі прыгатаваць на трэцюю?» удакладніла Алеся. «Што ж, тады вы ўправіліся *надзвычай* хутка!»

«Не, не на трэцюю,» сказаў Вершнік, задумліва расьцягваючы словы, «*трэцяй* стравою дакладна было нешта іншае.»

«Значыць, яго прыгатавалі да наступнага абеду? Не маглі ж вы мець за адным абедам дзьве трэція стравы?»

«Не да наступнага,» зноў запярэчыў Вершнік, «і не да абеду. Праўду кажучы,» працягваў ён, схіліўшы галаву і пераходзячы на шэпт, «я ня пэўны, што гэты пудынг наагул *быў* некалі прыгатаваны! Мала таго, наўрад ці ён калі-небудзь *будзе* прыгатаваны! А шкада—такая была мудрагелістая вынаходка.»

«А з чаго вы зьбіраліся яго гатаваць?» папыталася Алеся, каб крыху разьвесяліць Вершніка, бо той, здавалася, быў зусім не ў гуморы.

«Перадусім з прамакаткі,» прастагнаў у адказ Вершнік.

«Баюся, прамакатка ня смачная—»

«Вядома, *сама па сабе* не,» адразу ж перарваў яе Вершнік, «але ты не ўяўляеш: калі дадасі да яе іншыя складнікі, як порах і сургуч—гэта зусім іншы смак! А зараз я мушу цябе пакінуць.» Яны якраз дасягнулі ўскрайку лесу.

Алеся выглядала зусім азадачанаю: яна ўсё думала пра пудынг.

«Нейкая ты маркотная,» устрывожыўся Вершнік. «Давай я засьпяваю табе суцяшальную песьню.»

«А яна вельмі доўгая?» насьцярожылася Алеся, якая ў той дзень ужо наслухалася ці мала лірыкі.

«Доўгая,» адказаў Вершнік, «але вельмі, *вельмі* прыгожая. Калі ў некага, хто чуў яе ў маім выкананьні, не зьяўляліся сьлёзы ўваччу, то—»

«То што?» спыталася Алеся пасьля таго, як Вершнік нечакана замоўк.

«То ў бальшыні яны зьяўляліся. Песьня называецца „*Вочы ад траскі*“.»

«Ну, неяк трэба ж было назваць,» прамовіла Алеся, ня дужа зацікаўленая.

«Не, ты не разумееш,» крыху расчаравана зірнуў на яе Вершнік. «Пад гэтай назваю яна *вядомая*. Насамрэч назва песьні—„*Стары жабрак*“.»

«Я і хацела сказаць, што назва нейкая нетрадыцыйная,» патлумачыла Алеся.

«Не, гэта зусім іншае! *Традыцыйная* назва песьні—„*Спосабы і сродкі*“. Але гэта толькі адна *назва*, сама разумееш!»

«Добра, а пра што *напраўду* гэтая песьня?» паспрабавала дазнацца Алеся, якая ўжо зусім нічога ня цяміла.

«Я акурат да гэтага набліжаюся,» супакоіў яе Вершнік. «Напраўду гэта песьня „*Пра таго, хто сядзеў на весьнічках*“. А музыку я сам прыдумаў.»

З гэтымі словамі ён запыніў каня, і аброць вольна павісла ў таго на шыі. І тут рыцар засьпяваў, вельмі павольна адбіваючы такт рукою. Кволая ўсьмешка зазьзяла на ягоным шляхетным дурнаватым твары. Было відаць, што Вершніку падабаецца ўласная музыка.

З усіх нязвыклых падзей, што напаткалі Алесю ў часе ейнай вандроўкі на той бок люстра, гэтую яна запамятала найлепей. Праз шмат гадоў яна прыгадвала гэтую сцэну так выразна, быццам тая дзеялася ўчора: памятала пяшчотныя блакітныя вочы й лагодную ўсьмешку Вершніка, памятала захад сонца, што прабівалася праз валасы рыцара й люстравалася ў ягоным панцыры сьляпучым полыскам, памятала каняз вуздэчкаю на шыі, які папаходжваў туды-сюды ды скубаў траву каля ейных ног, памятала чорныя цені лесу за сьпінаю Вершніка— Уся гэтая карціна пакінула фатаграфічны адбітак у памяці дзяўчынкі ў той момант, як яна стаяла, абапёршыся на дрэва, пазірала на старога дзівака зь яго ня менш дзівацкім канём і нібы ў паўсьне слухала мэлянхалічную мэлёдыю песьні.

«Але музыку прыдумаў *ня ён*,» адзначыла Алеся сама сабе. «Гэта музыка песьні „Яна спыталася ў мяне, дзе нам спаткацца льга“.»[19] І хаця дзяўчынка слухала нерухома й вельмі ўважліва, сьлёз у яе ўваччу не зьявілася.

«Скажу, як ёсьць, хоць не мастак
Я ў сьпеў зьнітоўваць словы:
Сядзеў адзін стары жабрак
На весьнічках вясковых.
Спытаўся я: „Ты хто й як так,
Што ты такі жывучы?“
Працёк, нібы вада ў друшляк,
Адказ яго мне ў вушы:

„А так ды сяк: падсъцерагу
Дзе мятліка ў пшаніцы
Й прадам, запёкшы ў пірагу,
На вуліцы ў сталіцы.
Што б даў за мятліка марак
Пры шторме ў акіяне!
Так і жыву“, сказаў жабрак,
„Падайце грошык, пане“.

Ды я ня ўчуў, бо прыдумляў,
Як вус змачыць у зелень,
І каб вахляр яго хаваў,
Як вочы б хто казеліў.
Таму яшчэ раз я прароў
Старому жабраку:
„З чаго ты, дзеду, жыў-здароў?“
І даў па чарапку.

Салодка прасъпяваў дзядок:
„Мне шмат шляхоў вядома.
Знайду ў гарах рачны выток—
Спалю дазваньня ўмомант.
Здаю згарэлае багно
Для вырабу алею:
Хай грош ці два, ды ўсё адно
Штосьць зарабіць здалею“.

Ды я ня чуў яго зусім,
Бо разважаў аб цесьце:
Ці можна распанець на ім,
Калі штодзённа есьці?
Таму затрос дзядка я зноў,
Пакуль ня стаў ён сіні.
„З чаго жывеш ты,“ я зароў,
„Цябе сказаць прасілі!“

А дзедка: „Вочы ад траскі
Шукаю на балоце—
Зь іх гузікі на пінжакі
Раблю ў начной самоце.
І іх я не збываю з рук
За талеры й дукаты,
А прадаю па дзевяць штук
За медны грош шчарбаты.

А так—рулет знайду ў зямлі,
Злаўлю дзе крабаў колькі,
Наткнуся дзе-нідзе ў быльлі
На колы ад двухколкі,
І гэтак (падміргнуў жабрак)
Жыву ўжо шмат гадоў я.
Падайце—вып'ю на шастак
За вашае здароўе!“

Тут я пачуў дзядка, бо плян
Якраз стварыць даканчваў,
Як мост іржавых збавіць плям
Ільга вiном гарачым.
Дзядку падзякаваў, як мог,
Ды не за шчырасьць слоў я—
Хутчэй за тое, што дзядок
Так зычыў мне здароўя.

Цяпер, калі ў віры турбот
У клей я пальцы ўклейваю,
Або ўтрапёна ў правы бот
Ступню ўпіхаю левую,
Ці на нагу мне ці куды
Штось цяжкае ўпадзе,
Я ўспомню, плачучы, тады
Дзядка ласкавага заўжды,
Чый рот з-пад белай барады
Штось мармытаў, нібы туды
Набраў ён цеста ці вады,
Чый позірк, як агонь, руды
Шмат бачыў гора і бяды—
Дзед, хоць і быў немалады,
Меў немаўлячыя глузды
І роў, як бык, ад шалу, ды
Разгойдваўся туды-сюды,
Калі той даўняй серады
На весьнічках сядзеў».

Дасьпяваўшы апошнія словы баляды, Вершнік падабраў аброць і павярнуў каня назад, на дарогу, якая вывела іх зь лесу. «Табе засталося спусьціцца якіх пару мэтраў па схіле пагорку,» сказаў ён, «і перайсьці праз маленькі ручай, а там ужо ты станеш каралевай. Але ж ты сьпярша дачакаесься, пакуль я ня зьнікну з вачэй?» дадаў Вершнік, убачыўшы, як Алеся шпарка скіравалася ў той бок, у які ён быў паказаў. «Абяцаю не марудзіць. Праводзь мяне позіркам, а калі я даеду да павароту, памахай мне насоўкаю! Проста каб мяне падбадзёрыць.»

«Вядома ж, дачакаюся,» пагадзілася Алеся. «І дзякуй вам шчыры за тое, што вы правялі мяне так далёка—і за песьню. Яна мне вельмі спадабалася.»

«Хацелася б у гэта верыць,» азваўся Вершнік ня дужа ўпэўнена, «хоць ты плакала ня так моцна, як я разьлічваў.»

З гэтым яны парукаліся на разьвітаньне, і рыцар памалу скіраваўся ў лес. «Спадзяюся, што ён ня доўга будзе *зьнікаць*,» падумала сабе Алеся, гледзячы яму ўсьлед. «Ага, так я й ведала! Дагары нагамі, як заўсёды! Тым ня менш ён даволі лёгка вярнуўся ў сядло. Гэта таму, што ягоны конь абвешаны процьмаю рэчаў—» Так яна размаўляла сама з сабою, назіраючы, як конь зь Вершнікам нясьпешна сунуліся па дарозе і як Вершнік па-ранейшаму падаў зь сядла то на адзін, то на другі бок. Упаўшы чатыры ці пяць разоў, ён дасягнуў-такі павароту. Тады дзяўчынка памахала яму насоўкаю і пачакала, пакуль ён ня зьнік з вачэй.

«Маю надзею, я яго падбадзёрыла,» сказала Алеся й бегма кінулася ўніз па схіле пагорку. «А зараз—праз апошні ручай, і ў каралевы! Як велічна гэта гучыць!» Праз некалькі крокаў яна ўжо была на беразе ручайка. «Вось яно, Восьмае Поле!» выгукнула яна, калі пераскоквала

* * * *

* * *

* * * *

на другі бераг. Прызямліўшыся, Алеся ўпала сьпінаю на мяккую, што мох, траву, каб адпачыць сярод выспачак кветак, раскіданых усюды навокал. «О, я такая шчасьлівая, што дайшла! А што *гэта* такое на мне?» усклікнула яна ўзрушана, намацаўшы нешта вельмі цяжкое, што шчыльна прылягала да яе галавы.

«Але *як* нешта магло апынуцца на мне няўзнак для мяне самой?» зьдзівілася Алеся, прыўзьнімаючы тое нешта з галавы й кладучы яго сабе на калені, каб паглядзець, што ж гэта такое.

Гэта была залатая карона.

Разьдзел IX

Алеся — каралева

«Во як здораўска!» узрадавалася Алеся. «Я і не чакала, што зь мяне так хутка будзе каралева. А ведаеце, што я вам скажу, Вашая Вялікасьць,» працягвала яна вельмі строга, бо любіла часам сябе паўшчуваць, «такія, як вы, каралевы не валяюцца на траве! Паводзьце сябе годна, каб вас шанавалі, як каралеву!»

З гэтымі словамі яна ўстала й зрабіла пару крокаў, прычым спачатку трымалася даволі скавана, баючыся, што карона ўпадзе зь яе галавы. Аднак дзяўчынка паспакайнела, калі згадала, што яна тут адна й ніхто яе ня бачыць. «Да таго ж, калі толькі я насамрэч каралева,» сказала Алеся, зноў сядаючы на траву, «то ў свой час пасьпею яшчэ навучыцца хадзіць па-каралеўску.»

Усё адбывалася настолькі нечакана, што Алеся нават не зьдзівілася, убачыўшы зьлева й справа ад сябе яшчэ дзьвюх каралеў, Белую й Чырвоную. Дзяўчынцы закарцела спытацца ў іх, адкуль яны тут узяліся, але яна збаялася, што гэта прагучыць ня дужа ветліва. «З другога боку,» падумала навасьпечаная каралева, «не зашкодзіла б папытацца, ці гульня ўжо скончылася.» «Ці ня скажаце вы мне—», пачала Алеся, няўпэўнена зірнуўшы на Чырвоную Каралеву.

«Маўчы, пакуль з табой не загаворац!» рэзка перабіла яе тая.

«Але калі б усе падпарадкоўваліся гэтаму правілу,» не пагадзілася Алеся, заўжды гатовая бараніць сваю думку, «і маўчалі, пакуль зь імі не загавораць, чакаючы, што другі загаворыць першым, то тады ніхто б ніколі нічога не сказаў, таму—»

«Сьмеху варта!» выгукнула Каралева. «Няўжо ты не разумееш, дзіцё—», яна змоўкла й задуменна ссунула бровы, а праз якую хвіліну нечакана перамяніла тэму: «Што ты мела на ўвазе, сказаўшы „Калі толькі я насамрэч каралева"? Якое ты маеш права сябе так называць? Да твайго ведама, ніякая ты не каралева, дакуль не здасі адпаведнага іспыту. І чым раней мы яго пачнем, тым лепей.»

«Я сказала ўсяго „калі толькі"!» жаласна заблагала Алеся.

Каралевы пераглянуліся, і Чырвоная сказала, перасмыкнуўшыся: «Яна *цьвердзіць*, што сказала ўсяго „калі толькі"—»

«Але ж яна сказала далёка ня толькі „калі толькі"!» прастагнала Белая Каралева, заламаўшы рукі. «Яна сказала значна, значна далей за „калі толькі"!»

«Вось бачыш,» зьвярнулася да Алесі Чырвоная Каралева. «Ніколі не хлусі! Перад тым, як нешта сказаць, падумай, а потым занатуй.»

«Я й ня думала хлусіць—», не пасьпела пачаць Алеся, як Чырвоная Каралева нецярпліва зноў яе перарвала:

«А я табе пра што? Ты *мусіла* падумаць! Якая, патвойму, карысьць ад бяздумнага дзіцяці? Нават у жарце ёсьць нейкая думка, а дзіцё, як на мяне—нашмат больш сур'ёзная штука. Ты ня можаш адперціся ад гэтага нават абедзьвюма рукамі.»

«Я ж не адпіраюся *рукамі*,» запярэчыла Алеся.

«Ніхто не казаў, што ты адпіраесься,» удакладніла Чырвоная Каралева. «Я якраз пра тое, што ты ня можаш адперціся.»

«Гэтая дзяўчынка проста ў такім настроі,» умяшалася Белая Каралева, «што ёй абы ад *чаго-небудзь* паадпірацца—вось толькі яна сама ня ведае, ад чаго!»

«Брыдкі, злосны ў яе характар,» падсумавала Чырвоная Каралева, пасьля чаго на некалькі хвілін запанавала няёмкая ціша.

Яе парушыла Чырвоная Каралева, сказаўшы Белай: «Сёньня Алеся ладзіць сьвяточны банкет. Я вас запрашаю.»

Белая Каралева квола ўсьміхнулася й прамовіла: «А я—*вас*.»

«Я зусім ня ведала, што ладжу сёньня банкет,» прызналася Алеся, «але калі безь яго ўсё-такі *нельга*, то гэта *я*, відаць, маю запрашаць гасьцей.»

«У цябе была магчымасьць нас запрасіць,» зазначыла Чырвоная Каралева, «але ты, як выглядае, няшмат засвоіла на ўроках добрых манераў.»

«На ўроках ня вучаць добрым манерам,» адказала Алеся. «На ўроках вучаць разьвязваць задачкі, і ўсё такое.»

«Цябе вучылі складаньню?» пацікавілася Белая Каралева. «Колькі будзе адзін плюс адзін плюс адзін плюс адзін плюс адзін плюс адзін плюс адзін плюс адзін плюс адзін плюс адзін?»

«Ня ведаю,» зьбянтэжылася Алеся. «Я зьбілася зь ліку.»

«То бок складаньнем яна не валодае,» зрабіла выснову Чырвоная Каралева. «А як у цябе з адыманьнем? Адымі ад васьмі дзевяць.»

«Ад васьмі дзевяць? Бадай, не магу,» не разгубілася гэтым разам Алеся, «а вось—»

«Адымаць яна таксама ня ўмее,» перакаваналася Белая Каралева. «А як наконт дзяленьня? Падзялі хлеб нажом —і *што* атрымаецца?»

«Ну, напэўна—», пачала Алеся, але Чырвоная Каралева адказала замест яе: «Лусьцік, што ж яшчэ. Паспрабуй яшчэ адзін прыклад на адыманьне. Адымі ў сабакі косьць—што застанецца?»

«Косьць, вядома ж, ня можа застацца, бо я яе адымаю,» разважала Алеся ўголас. «І сабака б не застаўся: ён кінуўся б мяне кусаць, ну а я ўжо дык пэўна не засталася б!»

«Значыць, ты лічыш, што нічога не засталося б?» спыталася Чырвоная Каралева.

«Лічу, што нічога.»

«Ізноў няправільна,» аб'явіла Чырвоная Каралева, «застаўся б сабачы роздум.»

«Але я не разумею, як—»

«Ну сама падумай!» узвысіла голас Чырвоная Каралева. «Сабака ж кінуўся б на цябе бяз роздуму, так ці не?»

«Магчыма, так,» асьцярожна пагадзілася Алеся.

«Тады ягоны роздум застаўся б на месцы!» трыюмфавала Каралева.

На гэта Алеся адказала з усёй магчымай сур'ёзнасьцю: «Яны маглі б пабегчы ў розныя бакі.» Але сама сабе не магла не падумаць: «*Якую* ж лухту мы ўсё-такі вярзем!»

«Яна *зусім* ня ўмее разьвязваць задачак!» разам сказалі абедзьве каралевы, удаючы нечуванае абурэньне.

«А *вы* ўмееце разьвязваць задачкі?» зьнячэўку зьвярнулася да Белае Каралевы Алеся, якой зусім не падабалася, што да яе ўвесь час прыдзіраюцца.

Каралева ўздыхнула й прымружыла вочы: «Я ўмею складаць—пры ўмове, што мяне ня будуць падганяць. А вось адымаць я ня здольная *ні пры якіх* умовах!»

«Ты, напэўна, ужо ведаеш альфабэт?» не давала спакою Алесі Чырвоная Каралева.

«Натуральна, ведаю,» адказала дзяўчынка.

«Я таксама,» шапянула Белая Каралева, «цяпер мы з табою можам паўтараць яго разам, даражэнькая. І скажу табе пад сакрэтам: я ўмею чытаць словы, што складаюцца з адной літары! Хіба не цудоўна? Але ты таксама навучысься гэтаму ў свой час, ня падай духам.»

Тут ізноў умяшалася Чырвоная Каралева. «Ці абазнаная ты ў практычных рэчах?» спыталася яна ў Алесі. «Напрыклад, як робіцца хлеб?»

«*Гэта* я ведаю!» радасна закрычала дзяўчынка. «Калі дзе ўзяць муку—»

«Прычым тут зяць?» ня ўцяміла Белая Каралева. «І якая розьніца, *калі* ён дзеў муку, галоўнае—*куды*.»

«Я хачу сказаць, возьмем муку, разбавім яе вадою—»

«Толькі раз бавім—ці колькі разоў бавім?» удакладніла Белая Каралева. «Нельга прапускаць такіх важных дэталяў.»

«Астудзі ейную галаву!» заклапочана перарвала яе Чырвоная. «А то яна перагрэецца, столькі думаючы.» І каралевы ўзяліся абмахваць Алесю лісьцем, пакуль тая не папрасіла, каб яны нарэшце перасталі кудлаціць ёй валасы.

«Цяпер яна зноў у парадку,» сказала Чырвоная Каралева. «Ты ведаеш нейкія замежныя мовы? Як па-француску будзе „тыры-пыры“?»

«„Тыры-пыры“—гэта нават не па-беларуску,» заявіла Алеся пераканана.

«А хто казаў, што гэта па-беларуску?» зьдзівілася Чырвоная Каралева.

Гэтым разам Алеся прыдумала, як выкруціцца. «А вы мне скажэце, што такое „тыры-пыры“ па-беларуску, тады я наўзамен скажу вам, як гэта будзе па-француску!» усклікнула яна пераможна.

Аднак Чырвоная Каралева ганарліва ўстала й сказала: «Каралевы не таргуюцца.»

«От каб каралевы яшчэ й ні пра што не пыталіся,» пажадала ў думках Алеся.

«Давайце ня будзем сварыцца,» затурбаваўшыся, заклікала іх Белая Каралева. «Адкуль бярэцца маланка?»

«Маланка бярэцца з грымотаў,» адказала Алеся, якая была ў гэтым больш як упэўненая. «Не, не!» адразу ж паправілася яна. «Я хацела сказаць, наадварот.»

«Цяпер позна папраўляцца,» асадзіла яе Чырвоная Каралева. «Калі ты ўжо сказала нешта, то гэтага не паправіш: трэба адказваць за свае словы.»

«Што нагадвае мне пра—», уставіла Белая Каралева, апусьціўшы вочы ды нэрвова счапляючы й расчапляючы пальцы, «пра мінулы аўторак, калі была *такая* навальніца—дакладней, пра ўвесь зьбег мінулых аўторкаў.»

Алеся нічога ня ўцяміла. «У *нашай* краіне,» паведаміла яна, «ня можа зьбегчыся некалькіх дзён адначасова.»

На што Чырвоная Каралева адрэзала: «У вас вельмі вузкае бачаньне сьвету. А вось у *нас* тут звычайна бывае па два-тры дні або дзьве-тры ночы за раз, а ўзімку зьбягаюцца ня менш за пяць начэй адразу, бо разам, ясная рэч, цяплей.»

«Выходзіць, пяць начэй цяплейшыя за адну?» не паверыла Алеся.

«У пяць разоў, што за пытаньне!»

«Але ж тады пяць начэй павінны быць *халаднейшыя* за адну ў пяць разоў—»

«Менавіта так!» закрычала Чырвоная Каралева. «Яны ў пяць разоў цяплейшыя *і* ў столькі ж разоў халаднейшыя. Гэтаксама як я ў пяць разоў багацейшая за цябе *і* ў столькі ж разоў разумнейшая!»

Алеся ўздыхнула й здалася. «Гэта як той рэбус без адказу!» падумала яна.

«Яўпат Няўпад таксама трапіў пад тую навальніцу,» працягвала Белая Каралева ціхім голасам, быццам зьвярталася сама да сябе. «Ён узяў гляйсар і падышоў да дзьвярэй—»

«А чаго ён хацеў?» пацікавілася Чырвоная Каралева.

«Ён сказаў, што *ня супраць зайсьці*» гаварыла далей Белая Каралева, «бо шукае гіпапатама. Але якраз тады, у тую ноч, гіпапатама ў мяне не было.»

«А звычайна гіпапатам у вас?» далася дзіву Алеся.

«Так, толькі не ў аўторак, а ў чацьвер,» запэўніла яе Белая Каралева.

«Я ведаю, навошта прыходзіў Яўпат Няўпад,» здагадалася Алеся. «Ён хацеў пакараць рыбак за тое, што—»

Тут Белая Каралева зноў завяла сваё, кажучы дзяўчынцы: «Была *такая* навальніца—ты ўявіць сабе ня можаш!» («Вядома, у яе ж няма ўяўленьня,» падтрымала Чырвоная Каралева.) «Кавалак страхі адарвала,» працягвала Белая, «і столькі грымотаў трапіла ў хату! Яны лёталі па доме вялізнымі камамі, перакульваючы сталы і ўсё астатняе, пакуль ад жаху я ўжо не магла згадаць уласнага імя!»

Алеся адзначыла для сябе: «Я ніколі б ня *стала* згадваць свайго імя ў такі небясьпечны момант! Як бы яно магло мне прыдацца?» Але яна не сказала гэтага ўголас, баючыся закрануць пачуцьці беднае Каралевы.

«Не крыўдуйце на яе, Вашая Вялікасьць,» зьвярнулася да Алесі Чырвоная Каралева, беручы ў рукі далонь Белай, каб пяшчотна яе пагладзіць. «Яна хоча як лепей, але як правіла міжволі чаўпе абы-што.»

Белая Каралева баязьліва зірнула на Алесю. Дзяўчынка падумала, што *варта* было б сказаць Каралеве нешта суцяшальнае, аднак менавіта ў той момант нічога суцяшальнага не прыгадала.

«Ніхто як сьлед не займаўся ейным выхаваньнем,» тлумачыла Чырвоная Каралева, «але яна надзіва добразычлівая ад прыроды! Пагладзь яе па галоўцы, і ўбачыш, як ёй гэта спадабаецца!» Але ў Алесі не хапіла на гэта адвагі.

«Крыху дабрыні,» працягвала Чырвоная Каралева, «і папяровых бігудзі на валасы—і зь ёю проста цуд адбудзецца—»[20]

Белая Каралева глыбока ўздыхнула й паклала Алесі на плячо галаву. «Я *так* хачу спаць!» прастагнала яна.

«Стамілася, небарака!» пашкадавала яе Чырвоная Каралева. «Прыгладзь яе валасы, пазыч ёй свой начны каптурок і засьпявай ёй калыханку.»

«У мяне з сабою няма начнога каптурка,» прызналася Алеся, нясьмела гладзячы Белую Каралеву, «дый я ня ведаю напамяць ніводнай калыханкі.»

«Што ж, давядзецца мне самой засьпяваць,» пастанавіла Чырвоная Каралева й запяяла:

«Кукавала зязюля
Ў цёмным лесе,
Калыхала бабулю
Дзяўчынка Алеся.
Падрэмлем—і пойдзем усе неўзабаве
Гуляць на трайной каралеўскай забаве!»

«Вось ты і ведаеш адну калыханку,» дадала яна, кладучы галаву Алесі на плячо, «засьпявай цяпер яе *мне*. Мяне таксама хіліць на сон.» У наступны момант абедзьве каралевы ўжо спалі як пшаніцу прадаўшы ды гучна храплі.

«А *мне* што рабіць?» усклікнула Алеся, азіраючыся ў вялікім замяшаньні. Круглыя галовы абедзьвюх каралеў па чарзе скаціліся зь ейных плячэй і ўпалі ёй у падол, як два цяжкія клубкі. «Наўрад ці ўжо калі здаралася, каб адразу дзьве каралевы заснулі ў некага на руках! Прынамсі, ня ў нашай гісторыі—ды ў нас такога й не магло быць, бо мы ніколі ня мелі дзьвюх каралеў адначасова. Ды прачнецеся вы ўжо, цяжэнныя цёткі!» падняла яна нецярпліва голас, аднак у адказ толькі гучны храп зьмяніўся на ціхі.

З кожнай хвілінаю каралевы храплі ўсё больш і больш мэлядычна, і неўзабаве іхні храп загучаў як нейкая песьня. Урэшце Алеся нават пачала разумець некаторыя словы, да якіх прыслухоўвалася так засяроджана, што й не падзівілася, куды ж раптам падзеліся зь яе каленяў дзьве вялізныя галавы.

Цяпер дзяўчынка стаяла перад дзьвярыма пад выгбаю, на якой вялікімі літарамі значылася «КАРАЛЕВА АЛЕСЯ». Справа й зьлева ад дзьвярэй вісела па матузку: адзін зь іх быў падпісаны «Званок для гасьцей», а другі— «Званок для абслугі».

«Пачакаю, пакуль ня скончыцца песьня,» пастанавіла Алеся, «а тады пазваню ў—у—у *каторы* ж званочак я павінна пазваніць?» разгубілася яна, гледзячы на надпісы. «Я ж ня госьць, але й не абслуга. *Дарма* яны тут не павесілі яшчэ адзін матузок, падпісаны „Для каралевы“—»

Тут дзьверы прачыніліся, і нейкая даўгадзюбая істота на момант высунула зь іх галаву, кажучы: «Да пазанаступнага тыдня нікога не прымаем!»—і з бразгатам зачыніла дзьверы.

Доўгі час Алеся марна грукалася ў дзьверы й торгала за матузкі. Нарэшце вельмі стары Люгаш, які сядзеў пад дрэвам, узьняўся й памалу прышкандыбаў да Алесі. На Люгашу былі яскрава-жоўтыя строі і агромністыя боты.

«Ну што ўжо зноў?» спытаўся Люгаш нізкім і хрыплым шэптам.

Алеся павярнулася да яго, гатовая пасварыцца зь першым-лепшым. «Дзе лёкай, які адказвае за дзьверы?» раззлавана выгукнула яна.

«Якія дзьверы?» прыкінуўся дурнем Люгаш.

Ён так невыносна расьцягваў словы, што Алеся ледзьве ня тупнула нагою ад гневу: «*Гэтыя* дзьверы, вядома!»

Якую хвіліну Люгаш пазіраў на дзьверы сваімі вялікімі тупымі вачыма. Затым ён падышоў бліжэй і пашкрабаў іх пястуком, нібы спрабуючы, ці не аблупіцца фарба, пасьля чаго зірнуў на Алесю.

«Адказвае за дзьверы?» зьдзівіўся ён. «А пра што ты хацела спытацца ў дзьвярэй?» Люгашоў голас быў такі хрыплы, што Алеся амаль не разьбірала словаў.

«Я вас не разумею,» сказала яна.

«Я гаворыць па-беларускай, хіба не?» працягваў Люгаш. «Ты што, глухая? Чаго ты хочаш ад дзьвярэй?»

«Нічога!» усхадзілася Алеся. «Я ў іх грукаю!»

«Вось грукаць у іх ня трэба—ня трэба грукаць,» прамармытаў Люгаш. «Яны ад гэтага дзьвярэюць.» З гэтымі словамі ён падышоў да дзьвярэй і ўваліў па іх сваім вялізным ступаком. «Пакінь іх у спакоі,» задыхана сказаў ён, чыкільгаючы назад да свайго дрэва, «і ў іх таксама ня будзе пытаньняў да *цябе*.»

У той момант дзьверы адчыніліся насьцеж, і Алеся пачула, як нейчы вісклівы голас засьпяваў:—

«Увага! Алеся гаворыць да Люстра:
„Маю пастанову выконвайце шустра!
Склікайце ўсіх дамаў, зьвяроў, кавалераў
На сьвята ў кампаніі трох каралеваў!“»

І сотні галасоў падхапілі прыпеў:—

«Частунак дармовы, ласункаў багата:
Суп будзе з катом, і з мышамі—гарбата.
Алеся залатвіла ўсе адмыслова—
Вітайма яе тройчы трыццацьразова!»

Потым пачуўся бязладны хор прывітаньняў, а Алеся зьлічыла: «Тройчы трыццаць будзе дзевяноста. Цікава, ці вядзе хто падлік іхных поклічаў?» Неўзабаве зноў запала цішыня, і той самы голас прасьпяваў наступны куплет:—

«„Насельнікі Люстра, да рэдкага шчасьця
Са мною спазнацца—гайда далучацца!
Ня часта даецца такі прывілей вам—
Складзеце ж кампанію тром каралевам!“»

І зноў прыпеў:—

«Напоўнеце шклянкі атрамантам, півам,
Пяском ці кудзеляй—што больш да душы вам.
Вітайце Алесю ўсе адначасова
Па дзевяць разоў дзевяностаразова!»

«Дзевяць разоў дзевяностаразова!» паўтарыла ў адчаі Алеся. «О, так яны ніколі ня скончаць! Лепш зайсьці не чакаючы—» З гэтым яна ўвайшла, і, як толькі яе ўгледзелі, настала мёртвая цішыня.

Ідучы па вялікай залі, Алеся з хваляваньнем пазірала на доўгі стол, за якім было каля паўсотні самых розных гасьцей: і жывёліны, і птушкі, і нават некалькі кветак. «Як добра, што яны прыйшлі самі, без запрашэньня,» падумала дзяўчынка, «бо я нізавошта ня здолела б вызначыць, каго трэба запрасіць.»

У галаве стала стаялі тры крэслы: два зь іх ужо былі занятыя Чырвонаю й Белаю Каралевамі, але тое, што пасярэдзіне, было вольнае. Алеся села на яго, адчуваючы сябе ніякавата ў поўнай цішыні, і ёй захацелася, каб нехта што-небудзь сказаў.

Нарэшце прамовіла Чырвоная Каралева. «Ты прапусьціла суп і рыбу,» заўважыла яна. «Бярыся за кумпяк!» І служкі паклалі перад Алесяй барановую нагу. Дзяўчынка пазірала на яе даволі занепакоена, бо ніколі дагэтуль ня рэзала кумпяка.

«Нейкая ты сарамлівая. Давай я пазнаёмлю цябе з кумпячынаю,» прапанавала Чырвоная Каралева. «Алеся, гэта Бараніна. Бараніна, гэта Алеся.» Нага прыўзьнялася на талерцы й зьлёгку пакланілася Алесі. Тая кіўнула галавою ў адказ, ня ведаючы, ці палохацца тут, ці зьдзіўляцца.

«Магу я прапанаваць вам скрылёк?» спыталася Алеся, беручы нож і відэлец ды пазіраючы то на адну каралеву, то на другую.

«Ні ў якім разе,» станоўка адпрэчыла Чырвоная Каралева. «Паводле этыкету нельга прылюдна разьбіраць знаёмых па костачках. Прыбярэце Бараніну!» Служкі забралі кумпяк і прынесьлі замест яго вялізны сьлівавы пудынг.

«Калі ласка, ня трэба знаёміць мяне з пудынгам,» сьпешна папярэдзіла Алеся, «іначай ніякай вячэры ня будзе. Хочаце крыху пудынгу?»

Аднак Чырвоная Каралева зірнула на яе спадылба й прарыкала: «Пудынг, гэта Алеся. Алеся, гэта Пудынг. Прыбярэце яго!» Гэтым разам служкі забралі страву так хутка, што Алеся не пасьпела нават адказаць на паклон.

І ўсё-ткі было няясна, чаму менавіта Чырвоная Каралева павінна ўсім камандаваць, таму дзеля спробы Алеся выгукнула: «Служка! Прынясеце пудынг назад!»—і пудынг вокамгненна вярнуўся на месца, нібы паводле загаду фокусьніка. Яго было так шмат, што Алеся не магла перад ім *крышачку* не сумецца, гэтаксама як раней перад кумпяком. Тым ня менш зь вялікімі высілкамі яна перамагла няёмкасьць, адрэзала кавалак пудынгу й падала яго Чырвонай Каралеве.

«Якое нахабства!» абурыўся Пудынг. «Хацеў бы я паглядзець, як бы табе спадабалася, калі б я адрэзаў кавалак ад *цябе*, праява!»

Пудынг меў не салодкі, а грубы голас, і Алеся папросту ня ведала, што яму адказаць. Яна толькі моўчкі сядзела, утаропіўшыся ў яго й разявіўшы рот.

«Скажы што-небудзь,» падахвоціла яе Чырвоная Каралева. «А то сьмешна, калі рэй у гутарцы вядзе пудынг!»

«Ведаеце што—Я сёньня пачула столькі розных вершаў,» знайшлася Алеся, крыху спалоханая, бо, як толькі яна загаварыла, імгненна запанавала абсалютная ціша і ўсе вочы засяродзіліся на ёй. «І самае цікавае, на маю думку, што ўсе сёньняшнія вершыкі нейкім чынам датычыліся рыб. Вы ня ведаеце, чаму ўсе тут у вас у такім захапленьні ад іх?»

Яна зьвярталася да Чырвонай Каралевы, але ў адказ пачула нешта не зусім дарэчнае. «Што да рыб,» прамовіла Чырвоная Каралева надзвычай павольна і ўрачыста, нахіліўшыся да Алесінага вуха, «то Яе Белая Вялікасьць ведае цудоўную загадку—суцэльна вершаваную й суцэльна пра рыб. Хочаце, яна яе загадае?»

«Дзякую Яе Чырвонай Вялікасьці за прыпамін,» галаском галубкі прабуркатала Алесі ў другое вуха Белая Каралева. «Я загадаю яе з *такой* асалодаю! Можна?»

«Калі ласка,» ветліва дазволіла Алеся.

Белая Каралева засьмяялася ад радасьці, палашчыла Алесю па шчацэ й пачала:

«„Рыбу трэба злавіць“.
Гэта лёгка, яе і дзіцятка вам зловіць.
„Рыбаку заплаціць“.
Гэта лёгка, на гэта й паўгроша вам хопіць.

„Зараз рыбу згатуй!“
Гэта лёгка, хвіліны якой будзе досыць.
„А цяпер—сэрвіруй!“
Гэта лёгка, бо рыбу ўжо можна прыносіць.

„Дык на стол падавай!“
Гэта лёгка, у місе ж вам—не на патэльні.
„Ну дык вечка здымай!“
А вось зь вечкам *штось дзеецца дзіўнае вельмі,*

Бо прылiпла, як клей—
Не магу анiяк зразумець, у чым цымус.
Што ж, скажэце, лягчэй:
Зварушыць тое вечка цi вырушыць рыбус?»

«У цябе хвiлiна на роздум, падумай i адкажы,» загадала Чырвоная Каралева. «А мы, пакуль тое, вып'ем за тваё здароўе. За здароўе каралевы Алесi!» загаласiла яна немым крыкам, i госьцi як бачыш узялiся пiць. Кожны рабiў гэта па-свойму, але па-людзку не выходзiла нi ў кога: некаторыя надзелi кубкi сабе на галаву (бы каўпачкi, якiмi тушаць сьвечкi) i аблiзвалi тое, што сьцякала па iхных пысах, iншыя паперакульвалi гарлачы зь вiном на абрус i падстаўлялi раты пад вiнныя капяжы на краёх стала, а трое з прысутных (з выгляду падобныя да кенгуру) залезьлi ў мiсу зь печанай баранiнаю й пачалi сёрбаць полiўку. «Не раўнуючы парсюкi з карыта!» падумала Алеся.

«Ты павiнна выступiць з кароткай i яснай прамоваю i ўсiм падзякаваць,» зьвярнулася да яе Чырвоная Каралева, строга насупiўшы бровы.

«Мы падтрымаем цябе, не хвалюйся,» шапянула Алесi Белая Каралева пасьля таго, як дзяўчынка паслухмяна, але крыху нясьмела ўстала, каб узяць слова.

«Шчыры дзякуй,» таксама шэптам адказала Алеся каралеве, «але мяне ня трэба падтрымлiваць.»

«Без падтрымкi было б зусiм ня тое,» запэўнiла яе Чырвоная Каралева, i дзяўчынцы не заставалася нiчога iншага, як добраахвотна падпарадкавацца.

(«I яны насамрэч *так* ужо на мяне цiснулi!» жалiлася яна пазьней сваёй сястры, апавядаючы ёй пра банкет. «Iльга было падумаць, што яны хочуць мяне сплюшчыць!»)

Сапраўды, Алесi цяжка было ўстояць на нагах падчас прамовы: каралевы так зацiснулi яе з двух бакоў, што ледзь не ўзьнялі ў паветра. «Я ўздымаюся, каб падзякаваць—» з гэтымі словамі дзяўчынка *насамрэч* адарвалася ад зямлі на некалькі цаляў, але пасьпела ўсё ж ухапіцца за край стала ды пацягнуць сябе ўніз.

«Будзь асьцярожная!» залямантавала Белая Каралева, схапіўшы Алесю абедзьвюма рукамі за валасы. «Зараз нешта адбудзецца!»

І тут (паводле пазьнейшага Алесінага апісаньня) пачало дзеяцца неймавернае. Сьвечкі вырасьлі ўгору ажно пад самую столь і выглядалі цяпер, як чараціны з агеньчыкамі салюту наверсе. Што да бутэлек, дык тыя, прымацаваўшы сабе па дзьве талеркі замест крылаў і па два відэльцы замест ног, пырхнулі ўва ўсіх кірунках. «Вельмі ж яны нагадваюць птушак,» падумала Алеся, хоць наўрад ці магла як сьлед думаць у тым жудасным гармідары, які ўсчаўся навокал.

У тое ж імгненьне яна пачула побач хрыплы сьмех і павярнулася, каб зірнуць, што здарылася зь Белай Каралеваю, але на месцы каралевы цяпер сядзеў кумпяк. «Я тут!» данеслася з супніцы. Алеся абярнулася на голас якраз тады, калі над супніцаю апошні раз мільгануў шырокі й дабрадушны твар каралевы, пасьля чаго тая як супам разьлілася.

Марудзіць было нельга. Некалькі гасьцей ужо ляжалі ў талерках, а чарпак шпацыраваў па стале, кіруючыся да Алесінага крэсла, і нецярпліва паказваў дзяўчынцы на мігі, каб тая сышла зь ягонай дарогі.

«Я не магу больш на гэта глядзець!» выгукнула Алеся. Падскочыўшы й аберуч ухапіўшыся за абрус, яна рванула яго на сябе, і талеркі, місы, госьці й сьвечкі пападалі з грукатам на падлогу, дзе ўтварылі вялізную гурбу.

«А што да *вас*,» гняўліва пачала Алеся, павярнуўшыся да Чырвонае Каралевы—аднак каралевы, на якую дзяўчынка ўскладала ўсю віну за непарадак, побач ужо не было. Нечакана здрабнеўшы да памераў невялічкае лялькі, Чырвоная Каралева жвава нарэзвала на стале кругі ў пагоні за ўласным шалем, што цягнуўся за ёю ззаду.

У любы іншы момант Алеся б зьдзівілася, калі б пабачыла такое, але ж *цяпер* яна была занадта ўзрушаная, каб зьдзіўляцца. «А што да *вас*,» паўтарыла дзяўчынка, схапіўшы маленькае стварэньне дзьвюма рукамі акурат тады, калі тое пераскоквала праз бутэльку, якая ўжо стамілася лётаць і вярнулася на стол, «то я вытрасу з вас душу, як з кацянятка, вось што!»

Разьдзел X

Абурэньне

З гэтымі словамі яна падхапіла каралеву са стала й пачала яе трэсьці з усяе моцы.

Чырвоная Каралева не чыніла ніякага супраціву, толькі твар у яе значна зьменшыўся, а вочы павялічыліся й пазелянелі. І ўвесь час, пакуль Алеся яе трэсла, каралева ўсё скарачалася, усё больш таўсьцела, мякчэла, акруглялася і—

Разьдзел XI

Абуджэньне

——— і ўрэшце Алеся ўбачыла, што гэта й *напраўду* кацянятка.

Разьдзел XII

Хто гэта ўсё прысьніў?

«Няма чаго так голасна муркаць, Вашая Чырвоная Вялікасьць,» сказала Алеся, праціраючы вочы й зьвяртаючыся да кацяняці пачціва, але не бяз строгасьці. «Вы пабудзілі мяне, а я сьніла якраз такі чароўны сон! І ты там была са мною, Кіця, на тым баку, у Люстраным сьвеце. Ты ведала пра яго, даражэнькая?»

Але, як аднойчы зазначыла Алеся, з кацянятамі няма як размаўляць, бо яны маюць дурную звычку муркаць у адказ, што б вы ім ні казалі. «Хай бы яны хоць муркалі замест „так“ і мяўкалі замест „не“ або кіраваліся чымсь падобным,» разважала таго разу Алеся, «тады зь імі льга было б прынамсі неяк падтрымліваць размову! Але *як* можна размаўляць з тым, хто *заўсёды* гаворыць адно й тое ж?»

У нашым выпадку кацянятка толькі замуркала, таму было немагчыма вызначыць, што яно мела на ўвазе: «так» або «не».

Тады Алеся разгрэбла шахматныя фігуркі на стале й знайшла сярод іх Чырвоную Каралеву. Укленчыўшы на дзяружцы перад камінам, яна падсунула Чырвоную Каралеву кацянятку пад нос. «Усё, Кіця!» усклікнула дзяўчынка, пераможна пляснуўшы ў ладкі. «Прызнавайся: вось у каго ты была ператварылася!»

(«Але Кіця не схацела нават зірнуць на шахматную фігурку,» тлумачыла пазьней Алеся сястры, «яна адвярнула галаву й прыкінулася, быццам ня бачыць каралевы. Выглядала, аднак, што Кіці было *крышку* сорамна, таму я ўпэўненая, што ніхто іншы, апрача яе, *ня мог быць* Чырвонай Каралеваю.»)

«Больш чапурыстасьці, даражэнькая!» радасна засьмялася Алеся. «І пакуль думаеш, што—што пракурняўкаць, не забывайся кланяцца, каб зэканоміць час!» І яна ўзяла кацянятка й пацалавала яго: «Гэта табе за тое, што ты была Чырвонай Каралеваю.

«Сьнежка, любачка!» цяпер Алеся зьвярнулася да белага кацяняці, якога за ейнай сьпінаю мама-котка ўсё яшчэ старанна вымывала. «Цікава, ці *дамые* ўжо калі Дзянка Вашую Вялікасьць? Напэўна, з гэтай прычыны ты была ў маім сьне такая замурзаная.—Дзянка! Ты хоць ведаеш, што шаруеш саму Белую Каралеву? Павер, з твайго боку гэта вельмі недалікатна!

«А ў каго была ператварылася *Дзянка*, вось пытаньне!» балбатала дзяўчынка далей, уладкаваўшыся на падлозе й падпёршы рукою твар, каб зручней было назіраць за кацянятамі. «Скажы мне, Дзянка, ты была Яўпатам Няўпадам? Прынамсі я так *думаю*, але пакуль што не кажы пра гэта сябрам, мо я яшчэ перадумаю.

«Дарэчы, Кіця, калі толькі ты сапраўды была са мною ў маім сьне, табе *павінна* была спадабацца адна рэч: мне прачыталі там столькі ўсялякіх вершыкаў, і ўсе яны былі пра рыб! Заўтра раніцаю цябе чакае каралеўскі пачастунак. Пакуль ты будзеш сьнедаць, я раскажу табе верш „Пра Маржа і Цесьляра“; і тады ты зможаш уяўляць сабе, што ясі вустрыцы!

«А зараз, Кіця, давай падумаем, хто гэта ўсё прысьніў. Гэта вельмі сур’ёзнае пытаньне, мая даражэнькая, і ты павінна слухаць, а *не* лізаць лапку, нібы Дзянка ня мыла цябе сёньня зранку! Разумееш, Кіця, сасьніць гэта магла або я, або Чырвоны Кароль, і ніхто іншы. Вядома, я яго толькі прысьніла—але ў такім разе ён таксама мяне прысьніў! *Няўжо ж* гэта ўсё прысьніў Чырвоны Кароль, Кіця? Ты ж была ягонай жонкаю, золатка, ты павінна ведаць—О, Кіця, *ну* дапамажы мне ў гэтым разабрацца! А лапка твая можа і пачакаць!» Але замест адказу невыноснае кацянятка пачало лізаць іншую лапку, прыкінуўшыся, быццам не пачула пытаньня.

Дык хто з дваіх, *па-вашаму*, сьніў?

Адбылося нібы ўчора:
Ліпень, рэчка, сонца, змора,
Едзе човен, вечар скора.

Сёстры слухаюць заўзята:
Як глынаюць вачаняты
Плён прыдумкі небагаты!

Літасьці ня мела восень:
Эльфам болей ня сем-восем,
Адгула пара дзівосаў.

Здань Алесіну ў глыбокіх
Адшукаю сну аблоках,
Не ўхапіўшы зрокам вонках.

Сьніць яна там тыя ж цуды,
Леты хай без прамаруды
І сплываюць у нікуды

Да сканчэньня сну зямнога.
Эра шчасьця недаўгога—
Летуценьне, больш нічога.

Шэршань у парыку

Эпізод, які не ўвайшоў у

На тым баку Люстра,

і што там напаткала Алесю

Прадмова

Пасьля таго, як Льюіс Кэрал напісаў *На тым баку Люстра*, ілюстратар Джон Тэніэл не ўпадабаў у кнізе адзін з эпізодаў; з гэтай прычыны Кэрал яго прыбраў. Сёньня эпізод называюць «The Wasp in a Wig»—пра самастойны разьдзел не вядзецца, хаця Тэніэл і казаў пра яго як пра разьдзел. Да 1974 года эпізод лічыўся страчаным. Прапаноўваліся розныя тлумачэньні таго, чаму Тэніэл не ўхваліў гэтага ўрыўку. Пры гэтым 1 чэрвеня 1870 г. сам Тэніэл пісаў Кэралу:

> Мой дарагі Додсан!
>
> На маю думку, падчас *скачка* ў сцэне зь цягнікам Вы маглі б зрабіць так, каб Алеся ўчапілася за *бараду* Казла, бо тая акурат у яе пад рукой—а не за валасы старой дамы. Ад удару яны (то бок Алеся з Казлом—М. Шч.) уласна мусяць саштурхнуцца.
>
> Не палічыце мяне жорсткім, але я вымушаны сказаць, што разьдзел з „*шэршнем*“[21] зусім мяне не зацікавіў, і я не ўяўляю, якую да яго прыдумаць карцінку. Калі вы хочаце скараціць кніжку, то не магу пазбавіцца ад думкі, што—пры ўсёй ненавязьлівасьці—гэта Ваш шанс.
>
> У агоніі сьпеху,
>
> шчыра Ваш
>
> Дж. Тэніэл.»
>
> (крыніца: *The Annotated Alice*, ст. 283)

Паводле Ст'юарта Додсана Колінгўуда, пляменьніка Кэрала, Тэніэл напісаў, што «*Шэршань у парыку* суцэльна непадуладны сродкам мастацтва.» Таму многія лічаць, што эпізод быў выкінуты з прычыны нежаданьня Тэніэла маляваць шэршня ў парыку. Таксама магчыма, што ў Тэніэла не было на ілюстрацыю часу, бо набліжалася дата, калі ён мусіў абавязкова даслаць нешта ў тыднёвік «*Punch*». На думку Марціна Гарднэра, Тэніэл (які ў веку дваццаці гадоў страціў вока ў выніку няшчаснага здарэньня пры фэхтаваньні) заўпарціўся, бо яму мог не спадабацца спосаб, якім шэршань прыдзіраецца да Алесіных вачэй. (Малюнак, надрукаваны ўнізе на старонцы 160, належыць Кену Лідэру. Упершыню ён пабачыў сьвет у лонданскім выданьні «Шэршня ў парыку», апублікаваным выдавецтвам «МакМілан» у 1977 г.)

У адпаведнасьці з намерам самога Кэрала, урывак у кнізе павінен быў зьмяшчацца пасьля эпізоду зь Белым Вершнікам, вось тут:—

«Маю надзею, я яго падбадзёрыла,» сказала Алеся й бегма кінулася ўніз па схіле пагорку. «А зараз—праз апошні ручай, і ў каралевы! Як велічна гэта гучыць!» Празь некалькі крокаў яна ўжо была на беразе ручайка. ~~«Вось яно,~~ Восьмае Поле!» выгукнула яна, калі пераскоквала

*   *   *   *
  *   *   *
*   *   *   *

на другі бераг. Прызямліўшыся, Алеся ўпала сьпінаю на мяккую, што мох, траву, каб адпачыць сярод выспачак кветак, раскіданых усюды навокал. «О, я такая шчасьлівая, што дайшла! А што *гэта* такое на мне?» усклікнула яна ўзрушана, намацаўшы нешта вельмі цяжкое, што шчыльна прылягала да яе галавы.

«Але *як* нешта магло апынуцца на мне няўзнак для мяне самой?» зьдзівілася Алеся, прыўзьнімаючы тое нешта з галавы й кладучы яго сабе на калені, каб паглядзець, што ж гэта такое.

Гэта была залатая карона.

124

Шэршань у парыку

. . . і яна ўжо зьбіралася пераскочыць ручаёк, калі пачула глыбокі ўздых, што даносіўся аднекуль зь лесу за ейнай сьпінай.

«Там нехта *дужа* няшчасны,» падумала Алеся, павартаючыся назад, каб убачыць, што там за клопат. Хтосьці падобны да вельмі старога дзядка (толькі з тварам хутчэй як у шэршня) сядзеў на зямлі, прыхілены да дрэва і ўвесь стулены, і так калаціўся, быццам яму было страшна зімна.

«Я *бадай* не змагу яму нічым памагчы,» было першай Алесінай думкай, і яна зноў павярнулася да ручайка:— «але проста спытаюся, што зь ім такое,» перадумала дзяўчынка, спыніўшыся на самым краі вады. «Бо як толькі я пераскочу, усё стане іншае, і тады ўжо я ніяк ня дам дзядку рады.»

З гэтым яна пайшла назад, да Шэршня—безь вялікай ахвоты, бо ёй *страшэнна* карцела стаць ужо каралевай.

«А косьці ж мае вы старыя, мае вы старэнькія!» наракаў той. Алеся падышла да яго.

«Напэўна, гэта рэўматызм,» скеміла Алеся, нахілілася да Шэршня і ласкава сказала: «Спадзяюся, вы ня моцна пакутуеце?»

Шэршань толькі перасмыкнуў плячыма і адвярнуўся. «А бадай мяне!» буркнуў ён сабе пад нос.

«Ці магу я нешта для вас зрабіць?» працягвала Алеся. «Вам тут часам ня зімна?»

«Ну ты й балбатлівая!» раздражніўся Шэршань. «Абы дакучаць! Ці бачылі вы дзе такое дзіця!»

За такі адказ Алеся на Шэршня амаль пакрыўдзілася і ледзь не сышла ад яго прэч, але ўсё-ткі палічыла: «Магчыма, ён такі расьцьвелены ад болю.» Таму яна зрабіла яшчэ адну спробу:

«Можа, вы дазволіце мне дапамагчы вам сесьці з другога боку дрэва? Там ня так дзьме холадам.»

Шэршань узяў дзяўчынку за руку і безь пярэчаньняў абышоў зь ейнаю дапамогай дрэва, але як толькі зноў пад ім уладкаваўся, то забурчэў па-ранейшаму: «Абы дакучаць! Спакою не дасі чалавеку!»

«Хочаце, я вам крыху пачытаю?» не зважала Алеся, а сама ўзяла ў рукі газэту, што ляжала ў Шэршня ля ног.

«Чытай сабе, калі табе так рупіць,» сказаў Шэршань, надзьмуўшыся. «Па-*мойму*, ніхто табе не замінае.»

Алеся прысела каля яго, разгарнула на каленях газэту і пачала чытаць. «*Апошнія Паведамленьні. Выведная Экспэдыцыя зрабіла чарговы паход у Камору, дзе знайшла пяць новых вялікіх грудаў белага цукру ў добрым стане. Па дарозе назад—*»

«А карычневы цукар?» перабіў Шэршань.

Алеся тут жа прабеглася вачыма па артыкуле і сказала: «Не. Пра карычневы тут нічога ня пішуць.»

«Не знайшлі карычневага цукру!» прабубніў Шэршань. «Во дзе Выведная Экспэдыцыя!»

«*Па дарозе назад,*» чытала далей Алеся, «*было адкрытае мелясное возера з блакітна-белымі берагамі, падобнымі да парцалянавых. Пры каштаваньні мелесу здарылася няшчасьце: двое чальцоў экспэдыцыі былі засмактаныя* —»

«Былі *што?*» раздражнёна пераспытаў Шэршань.

«За-смак-та-ны-я,» паўтарыла Алеся па складах.

«Няма ў нашай мове такога слова!» абурыўся Шэршань.

«Але ж у газэце во ёсьць,» нясьмела запярэчыла Алеся.

«Досыць зь мяне ўжо газэты!» сказаў Шэршань і пакрыўджана адвярнуўся.

Алеся адклала газэту. «Баюся, вам нездаровіцца,» паспрабавала яна яго суцешыць. «Няўжо я нічым не магу вам дапамагчы?»

«Гэта ўсё праз парык,» прамовіў Шэршань ужо нашмат больш ціхамірна.

«Праз парык?» паўтарыла за ім Алеся, задаволеная, што ейны суразмоўца зноў у гуморы.

«Быў бы ў цябе такі парык, як у мяне, ты таксама злавала б,» працягваў Шэршань. «Некаторым толькі дай з каго-небудзь пакпіць. Падакучаць. Вось я і злуюся. І прастуджваюся. Сядаю пад дрэва. Дастаю жоўтую насоўку. І падвязваю шчаку—вось як цяпер.»

Алеся зірнула на яго з спачуваньнем. «Падвязаць шчаку дапамагае ад зубоў,» зацеміла яна.

«І ад пыхлівасьці,» дадаў Шэршань.

Алеся не зусім разабрала апошняе слова. «Гэта такі кшталт зубнога болю?» удакладніла яна.

Шэршань крыху задумаўся. «Ды не,» сказаў ён: «гэта калі ты высока трымаеш галаву—*вось так*—і задзіраеш пры гэтым нос.»

«А, вы пра задавастасьць,» здагадалася Алеся.

«Гэта ўжо сучасны наватвор,» сказаў Шэршань. «У мае часы гэта звалі „пыхлівасьцю“.»

«Але ж пыхлівасьць не хвароба,» зазначыла Алеся.

«Дзе там, не хвароба,» не пагадзіўся Шэршань: «прычакай, як сама яе падхопіш—і ўбачыш. У такім разе паспрабуй падвязаць шчаку жоўтай насоўкай. Вылечысься ўмомант!»

Гэтак прамаўляючы, ён разьвязаў насоўку, і Алеся вельмі зьдзівілася, убачыўшы ягоны парык. Той быў яскрава-жоўты, як і насоўка, і ўвесь ускудлачаны ды забэрсаны, як клубок морскіх водарасьцяў. «Калі б у вас быў грэбень,» выказала думку Алеся, «вы маглі б прывесьці свой парык у значна большы парадак.»

«Ага, дык ты Пчала, так?» ажывіўся Шэршань, пазіраючы на дзяўчынку з большай цікаўнасьцю. «Гэта ж вы ўсё грэбаецеся ў вулеі і парадкуеце соты. І шмат мёду?»

«Пры чым тут соты,» не стрымалася Алеся і патлумачыла: «Я вам пра грэбень, якім расчэсваюць валасы—ваш парык ну *такі* ўжо неахайны, пагадзіцеся.»

«Апавяду табе, як я пачаў яго насіць,» сказаў Шэршань. «Калі я быў малады, мае кучары яшчэ, натуральна, віліся—»

Тут Алесі прыйшла ў галаву нечаканая ідэя. Амаль усе, хто ёй сустракаліся, зачытвалі напамяць вершы, і яна падумала, што варта наўдачу папрасіць Шэршня нешта прадэклямаваць. «Вы ня супраць апавесьці мне пра гэта ў рыфму?» прапанавала яна ветліва.

«Ну, я да гэтага ня звыклы,» сумеўся Шэршань: «але я паспрабую; счакай крышку.» Ён памаўчаў, а тады стаў апавядаць спачатку:—

«Як пышна кучары расьлі
Ў мяне ў юнацтве! Да пары,
Як хтось сказаў: „Ты іх згалі
І жоўты лепш насі парык“.

Але ж калі зрабіў я так,
Хтось не ўхваліў таго зусім:
Майляў, цяпер я—ну дзівак,
Мяне ўяўляў ён не такім.

Нібы на пудзіле сядзіць,
Сказаў мне хтось, на мне парык.
Ды што ж я мог ужо зрабіць?
Ня вернеш кучараў старых.

Я стаў паўлысы, паўсівы,
І хтось мне кажа дзе-нідзе,
Парык сарваўшы з галавы:
„Што за старызну ты надзеў?“

Паўсюль мне хтось крычыць „Няхлюй!“
Дзе ногі я ні валаку,
А ўсё таму, каток, цярплю,
Што я—у жоўтым парыку.»

«Як мне вас шкада,» расчулілася Алеся: «думаю, з вас далёка ня так цьвяліліся б, калі б ваш парык на вас крыху лепей сядзеў.»

«*Твой* парык дык сядзіць як трэба,» прамармытаў Шэршань, пазіраючы на дзяўчынку з выразам захапленьня: «і ўсё таму, што ў цябе правільная галава. Праўда, сківіцы ў цябе абы-што—табе зь імі, відаць, ня надта добра кусаецца?»

У Алесі вырваўся гучны сьмяшок, але яна тут жа наўмысна закашляла, толькі каб Шэршань не пакрыўдзіўся. Урэшце, яна здолела ўтаймаваць сьмех і сказаць: «Я магу кусаць, што захачу.»

«Ну не з такім малым ротам,» настойваў Шэршань. «Вось, скажам, у бойцы—ты змагла б угрызьціся некаму ў загрывак і не адпускаць?»

«Бадай, не,» прызналася Алеся.

«А я пра што: бо ў цябе замалыя сківіцы,» вёў далей сваё Шэршань: «а вось наверсе твая галава правільная і круглая.» З гэтымі словамі ён зьняў свой парык і выпрастаў лапку, нібы паманіўшыся сьцягнуць парык і з Алесі, але дзяўчынка знарок трымалася ад Шэршня падалей, быццам не разумела, чаго ён хоча. Таму Шэршань вярнуўся да сваіх крытычных заўваг.

«Да таго ж, вочы—яны ў цябе неяк занадта сьпераду, гэта ж відавочна. І раз ім ужо *абавязкова* трэба быць зусім побач, то хапіла б і аднаго замест двух—»

Алеся не любіла, калі ейную асобу гэтак разьбіралі па костачках, і ўбачыўшы, што Шэршань ужо акрыяў духам і разбалбатаўся, яна пастанавіла, што можа спакойна пакінуць яго аднаго. «Я бадай ужо мушу ісьці,» сказала яна. «Бывайце.»

«І ты бывай, і дзякуй,» адказаў Шэршань, і Алеся зноў зашыбавала ўніз па схіле, задаволеная тым, што нездарма вярнулася і адшкадавала пару хвілін, каб суцешыць старога небараку.

Заўвагі

1 “Шчасьлівых летніх дзён”—маюцца на ўвазе апошнія словы кніжкі “Алесіны прыгоды ў Цудазем’і”. “Ды ў іх—імя тваё”—у арыгінале аўтар абгульвае другое імя дзяўчынкі, Pleasance, што перакладаецца як “асалода, задавальненьне, прыемнасьць”.

2 Гэты клясычны прыклад абсурднай паэзіі часта разглядаецца як асобны твор і заслугоўвае (дарма што ўжо заслужыў) не аднаго дасьледаваньня й пасьлясьледаваньня. Хрэстаматыйная першая страфа была прыдуманая Кэралам ужо ў 1855 г. для рукапіснага часопісу “Misch-Masch”, прызначанага на чытаньне ў коле пісьменьнікавых сваякоў, і падавалася аўтарам як пародыя на старажытную англасаксонскую эпіку. Да вершу прыкладаліся створаны аўтарам слоўнічак, у якім тлумачэньні паасобных словаў часткова супадаюць з тлумачэньнямі Яўпата Няўпада з шостага разьдзелу, а таксама літаральны “пераклад”: “Быў вечар, і спрытныя няўрымсныя барсукі выдрапвалі й сьвідравалі норы ў схіле пагорку; папугаі былі вельмі маркотныя, а магільныя чарапахі вішчэлі”.

Пасьля публікацыі другой часткі “Алесі” ў 1872 г., дзе верш зьяўляецца цалкам, лінгвіст Робэрт Скот, блізкі сябра й супрацоўнік бацькі Алесі Дына Лідэла, спрабаваў жартам даказаць, што прататыпам Кэралаўскай баляды зьяўляецца старажытнанямецкі верш “Der Jammerwoch”: “Es brillig war. Der schlichte Toven / Wirrten und wimmelten in Waben; / Und aller-mümsige Burrgoven / Die mohmen Räth’ ausgraben”. Насамрэч, вялося пра Скотаў уласны даслоўны "пераклад" Кэрала на нямецкую.

Сам аўтар пазьней прызнаваў, што ня здольны патлумачыць усіх словаў у "Жабавокім" (у адрозьненьне ад лексыкі першай страфы), хоць на просьбы чытачоў часам рабіў такія спробы, збольшага жартоўныя. Напрыклад, калі ў 1888 г. навучэнкі Бостанскай школы папрасілі ягонага дазволу назваць назваць школьны часопіс "Jabberwock", ён адпісаў ім: "Англасаксонскае слова *wocer*, *wocor* азначае 'парастак' або 'плён'. Калі пагадзіцца з агульнапрынятым тлумачэньнем, што *jabber*—гэта 'ўзрушанае й шматслоўнае абмеркаваньне', назва магла б азначаць 'плён узрушанага й шматслоўнага абмеркаваньня'". (Як бачым, сам Кэрал, як і Яўпат Няўпад, мог прымусіць любое слова азначаць што хаця).

Такім чынам, перакладчык "Жабавокага" імкнуўся ўлічваць усе вышэйзгаданыя факты: пародыйныя вытокі вершу (у беларускім тэксьце ў якасьці аб'екту пародыі выступае мова "Слова пра паход Ігаравы"), аўтарскі варыянт перакладу першай страфы, а таксама адсутнасьць пэўнага значэньня назвы "Jabberwocky", якая праз гэта перадаецца ў перакладзе гукаперайманьным шляхам.

3 У арыгінале гульня словаў між *bed* (ложак) і *flower-bed* (клюмба).

4 Вядома, слушны беларускі выраз—*сълепнем* у вочы лезьці.

5 Дрыгант (дрыкгант)—у "Гіпіцы" вялікага маршалка літоўскага Крыштафа Дарагастайскага (1603 г.) гэтае слова ўжываецца ў значэньні 'жарабец', 'нявылегчаны конь'. Уладзімер Караткевіч даў гэты назоў прыдуманай ім старажытнай пародзе літоўскіх коней (гл. "Дзікае паляваньне караля Стаха").

6 "Нехта" мае на ўвазе "крохкае".

7 У арыгінале *Dash*, што перакладаецца як 'працяжнік' (у тэксьце ў значэньні 'прабел, прагал'). Кэрал мае на ўвазе, што імя сабачкі магло б быць якім хаця, але замест графічнага знака—працяжніка—ужывае адпаведнае слова. Парадаксальным чынам гэтая "Рысачка" пазбаўляе нас магчымасьці даць сабачку іншае імя.

8 Дзяўчынка, што стала правобразам гераіні Кэрала, мела прозьвішча Лідэл. Алеся ня здольная прыпомніць свайго імя (*first name*), затое прыгадвае прынамсі першую літару свайго прозьвішча (*last name*).

9 У арыгінале *rattle-snake*—'грымучая зьмяя', 'бражджоўніца'.

10 Алеся разумее слова "сьвіта" ў значэньні 'асобы, якія суправаджаюць якую-небудзь важную пэрсону', тым часам Белая Каралева лічыць, што гаворка ідзе пра 'доўгую вопратку з даматканага сукна'.

11 У арыгінале ўжыты выраз *jam to-morrow*, што перакладаецца як 'абяцанкі-цацанкі'—нашая вэрсія грунтуецца на прымаўцы "кажуць, што і масла (тут—сочыва) хлебам мажуць".

12 Яўпат Няўпад, хутчэй за ўсё, успрымае граматычную ўласьцівасьць дзеясловаў (трываньне) як псыхалягічную (трывушчасьць).

13 У каралеўскіх вестунох лёгка пазнаць Марцовага Зайца й Шапавала з *Алесіных прыгодаў у Цудазем'і*.

14 У перакладзе, як і ў арыгінале, ад напісаньня слова *ніхто* зь вялікай ці з малой літары залежыць разуменьне сапраўднага сэнсу дыялёгу. Калі ўспрымаць *Ніхто* як імя пэрсанажа, словы Караля гучаць як камплімэнт вестуну. Аднак вястун не падазрае, што Кароль лічыць *Нікога* рэальнай асобаю, таму ўспрымае сказанае Каралём як дакор і спрабуе апраўдвацца.

15 У вершы "Жабавокі" так называецца меч.

16 Перадусім, вядома ж, шахматныя—толькі фэрзь (каралева) можа "вокамгненна", то бок адным ходам, перанесьціся з аднаго краю дошкі на другі як па дыяганалі, так і па вэртыкалі.

17 Гаворка ідзе пра так званую "львіную долю".

18 Паводле камэнтатараў, у вобразе Белага Вершніка аўтар увасобіў сябе самога.

19 Радок зь беларускага перакладу ірляндзкай народнай песьні "Tre martolod" ("Тры маракі"), якую можна пачуць, у прыватнасьці, у выкананьні менскага гурту "Эйрут". У арыгінале тэкст песьні Белага Вершніка напісаны Кэралам на музыку папулярнай у XIX стагодзьдзі песьні Томаса Мора "I give thee all, I can no more", мэлёдыя якой наўрад ці вядомая сучаснаму беларускаму чытачу.

20 Варта нагадаць, што "цуд" ужо адбыўся ў пятым разьдзеле, калі Белая Каралева ператварылася ў авечку.

21 У арыгінале вядзецца пра *асу* 'wasp'. Аднак з прычыны таго, што гэты Кэралаў пэрсанаж апісаны як стары дзядок і што аўтар адносіць яго да мужчынскага роду, то ў перакладзе мы ўжываем слова *шэршань* 'hornet'. Менавіта шэршань ёсьць найбліжэйшым *сваяком* асы: паводле навуковай клясыфікацыі род «шэршні» належыць да сямейства *сапраўдныя восы*.

SOURCES

Alice's Adventures in Wonderland, by Lewis Carroll, 2015

Alice's Adventures in Wonderland, illus. June Lornie, 2013

Alice's Adventures in Wonderland, illus. Mathew Staunton, 2015

Alice's Adventures in Wonderland, illus. Harry Furniss, 2016

Through the Looking-Glass and What Alice Found There,
by Lewis Carroll 2009

The Nursery "Alice", by Lewis Carroll, 2015

Alice's Adventures under Ground, by Lewis Carroll, 2009

The Hunting of the Snark, by Lewis Carroll, 2010

SEQUELS

A New Alice in the Old Wonderland, by Anna Matlack Richards, 2009

New Adventures of Alice, by John Rae, 2010

Alice Through the Needle's Eye, by Gilbert Adair, 2012

Wonderland Revisited and the Games Alice Played There,
by Keith Sheppard, 2009

SPELLING

Alice's Adventures in Wonderland,
Retold in words of one Syllable by Mrs J. C. Gorham, 2010

𐐈𐑊𐐮𐑅'𐑆 𐐈𐐼𐑂𐐯𐑌𐐽𐐲𐑉𐑆 𐐮𐑌 𐐎𐐲𐑌𐐼𐐲𐑉𐑊𐐰𐑌𐐼,
Alice printed in the Deseret Alphabet, 2014

𐑄 𐐐𐐲𐑌𐐻𐐮𐑍 𐐲𐑂 𐑄 𐐝𐑌𐐪𐑉𐐿,
The Hunting of the Snark printed in the Deseret Alphabet, 2016

Alice's Adventures in Wonderland,
Alice printed in Dyslexic-Friendly fonts, 2015

Alice's Adventures in Wonderland,
Alice printed in a font that simulates Dyslexia, 2015

[illegible],
Alice printed in the Ewellic Alphabet, 2013

'Ælɪsɪz Əd'ventʃəz ɪn 'Wʌndəˌlænd,
Alice printed in the International Phonetic Alphabet, 2014

Alis'z Advnčrz in Wunḍland, *Alice* printed in the Ñspel orthography, 2015

Alice printed in the Nyctographic Square Alphabet, 2011

·𐑨𐑤𐑦𐑕'𐑩𐑟 𐑩𐑛𐑝𐑧𐑯𐑗𐑼𐑟 𐑦𐑯 ·𐑢𐑳𐑯𐑛𐑼𐑤𐑨𐑯𐑛, *Alice* printed in the Shaw Alphabet, 2013

ALISIZ ADVENCƎRZ IN WUNDRLAND,
Alice printed in the Unifon Alphabet, 2014

Scholarship

Elucidating Alice: A Textual Commentary on *Alice's Adventures in Wonderland*, by Selwyn Goodacre, 2015

Behind the Looking-Glass: Reflections on the Myth of Lewis Carroll, by Sherry L. Ackerman, 2012

Selections from the Lewis Carroll Collection of Victoria J. Sewell, compiled by Byron W. Sewell, 2014

Satires

Clara in Blunderland, by Caroline Lewis, 2010

Lost in Blunderland: The further adventures of Clara, by Caroline Lewis, 2010

John Bull's Adventures in the Fiscal Wonderland, by Charles Geake, 2010

The Westminster Alice, by H. H. Munro (Saki), 2010

Alice in Blunderland: An Iridescent Dream, by John Kendrick Bangs, 2010

Simulations

Davy and the Goblin, by Charles Edward Carryl, 2010

The Admiral's Caravan, by Charles Edward Carryl, 2010

Gladys in Grammarland, by Audrey Mayhew Allen, 2010

Alice's Adventures in Pictureland, by Florence Adèle Evans, 2011

Folly in Fairyland, by Carolyn Wells, 2016

Rollo in Emblemland, by J. K. Bangs & C. R. Macauley, 2010

Phyllis in Piskie-land, by J. Henry Harris, 2012

Alice in Beeland, by Lillian Elizabeth Roy, 2012

Eileen's Adventures in Wordland, by Zillah K. Macdonald, 2010

Sewelliana

Sun-hee's Adventures Under the Land of Morning Calm,
by Byron & Victoria Sewell, 2016

Alix's Adventures in Wonderland:
Lewis Carroll's Nightmare, by Byron W. Sewell, 2011

Áloþk's Adventures in Goatland, by Byron W. Sewell, 2011

Alice's Bad Hair Day in Wonderland, by Byron W. Sewell, 2012

The Carrollian Tales of Inspector Spectre, by Byron W. Sewell, 2011

The Haunting of the Snarkasbord, by Alison Tannenbaum,
Byron W. Sewell, Charlie Lovett, & August A. Imholtz, Jr, 2012

Snarkmaster, by Byron W. Sewell, 2012

In the Boojum Forest, by Byron W. Sewell, 2014

Murder by Boojum, by Byron W. Sewell, 2014

Close Encounters of the Snarkian Kind, by Byron W. Sewell, 2016

Translations

Alice's Adventures in An Appalachian Wonderland,
Alice in Appalachian English, tr. Byron & Victoria Sewell, 2012

Patimatli ali Alice tu Văsilia ti Ciudii,
Alice in Aromanian, tr. Mariana Bara, 2015

Алесіны прыгоды ў Цудазем'і (Alesiny pryhody
u Tsudazem'i), *Alice* in Belarusian, tr. Max Ščur, 2013

На тым баку Люстра, і што там напаткала Алесю
(Na tym baku Liustra i shto tam napatkala Alesiu),
Looking-Glass in Belarusian, tr. Max Ščur, 2016

Снаркаловы (Snarkalovy),
The Hunting of the Snark in Belarusian, tr. Max Ščur, 2016

Crystal's Adventures in A Cockney Wonderland,
Alice in Cockney Rhyming Slang, tr. Charlie Lovett, 2015

Aventurs Alys in Pow an Anethow,
Alice in Cornish, tr. Nicholas Williams, 2015

Alice's Ventures in Wunderland,
Alice in Cornu-English, tr. Alan M. Kent, 2015

Alices Hændelser i Vidunderlandet, *Alice* in Danish, tr. D.G., Forthcoming

آلیس در سرزمین عجایب (Âlis dar Sarzamin-e Ajâyeb),
Alice in Dari, tr. Rahman Arman, 2015

La Aventuroj de Alicio en Mirlando,
Alice in Esperanto, tr. E. L. Kearney, 2009

La Aventuroj de Alico en Mirlando,
Alice in Esperanto, tr. Donald Broadribb, 2012

Trans la Spegulo kaj kion Alico trovis tie,
Looking-Glass in Esperanto, tr. Donald Broadribb, 2012

Les Aventures d'Alice au pays des merveilles,
Alice in French, tr. Henri Bué, 2015

Les Aventures d'Alice au pays des merveilles,
Alice in French, tr. Henri Bué, illus. Mathew Staunton, 2015

ელისის თავგადასავალი საოცრებათა ქვეყანაში
(Elisis t'avgadasavali saoc'rebat'a k'veqanaši),
Alice in Georgian, tr. Giorgi Gokieli, 2016

Alice's Abenteuer im Wunderland,
Alice in German, tr. Antonie Zimmermann, 2010

Die Lissel ehr Erlebnisse im Wunnerland,
Alice in Palantine German, tr. Franz Schlosser, 2013

Der Alice ihre Obmteier im Wunderlaund,
Alice in Viennese German, tr. Hans Werner Sokop, 2012

Balþos Gadedeis Aþalhaidais in Sildaleikalanda,
Alice in Gothic, tr. David Alexander Carlton, 2015

Nā Hana Kupanaha a 'Āleka ma ka 'Āina Kamaha'o,
Alice in Hawaiian, tr. R. Keao NeSmith, 2012

Ma Loko o ke Aniani Kū a me ka Mea i Loa'a iā 'Āleka ma Laila, *Looking-Glass* in Hawaiian, tr. R. Keao NeSmith, 2012

Aliz kalandjai Csodaországban, *Alice* in Hungarian, tr. Anikó Szilágyi, 2013

Eachtra Eibhlíse i dTír na nIontas, *Alice* in Irish, tr. Pádraig Ó Cadhla (1922), 2015

Eachtraí Eilíse i dTír na nIontas, *Alice* in Irish, tr. Nicholas Williams, 2007

Lastall den Scáthán agus a bhFuair Eilís Ann Roimpi, *Looking-Glass* in Irish, tr. Nicholas Williams, 2009

Le Avventure di Alice nel Paese delle Meraviglie, *Alice* in Italian, tr. Teodorico Pietrocòla Rossetti, 2010

Alis Advencha ina Wandalan, *Alice* in Jamaican Creole, tr. Tamirand Nnena De Lisser, 2016

L's Aventuthes d'Alice en Émèrvil'lie, *Alice* in Jèrriais, tr. Geraint Williams, 2012

L'Travèrs du Mitheux et chein qu'Alice y dêmuchit, *Looking-Glass* in Jèrriais, tr. Geraint Williams, 2012

Las Aventuras de Alisia en el Paiz de las Maraviyas, *Alice* in Ladino, tr. Avner Perez, 2014

Alisis pīdzeivuojumi Breinumu zemē, *Alice* in Latgalian, tr. Evika Muizniece, 2015

Alicia in Terra Mirabili, *Alice* in Latin, tr. Clive Harcourt Carruthers, 2011

Aliciae per Speculum Trānsitus (Quaeque Ibi Invēnit), *Looking-Glass* in Latin, tr. Clive Harcourt Carruthers, Forthcoming

Alisa-ney Aventuras in Divalanda, *Alice* in Lingua de Planeta (Lidepla), tr. Anastasia Lysenko & Dmitry Ivanov, 2014

La aventuras de Alisia en la pais de mervelias, *Alice* in Lingua Franca Nova, tr. Simon Davies, 2012

Alice ehr Eventüürn in't Wunnerland, *Alice* in Low German, tr. Reinhard F. Hahn, 2010

Contoyrtyssyn Ealish ayns Çheer ny Yindyssyn, *Alice* in Manx, tr. Brian Stowell, 2010

Ko Ngā Takahanga i a Ārihi i Te Ao Mīharo, *Alice* in Māori, tr. Tom Roa, 2015

Dee Erläwnisse von Alice em Wundalaund, *Alice* in Mennonite Low German, tr. Jack Thiessen, 2012

Auanturiou adelis en Bro an Marthou,
Alice in Middle Breton, tr. Herve Le Bihan & Herve Kerrain, Forthcoming

The Aventures of Alys in Wondyr Lond,
Alice in Middle English, tr. Brian S. Lee, 2013

L'Avventure d'Alice 'int' 'o Paese d' 'e Maraveglie,
Alice in Neapolitan, tr. Roberto D'Ajello, 2016

L'Aventuros de Alis in Marvoland, *Alice* in Neo, tr. Ralph Midgley, 2013

Æðelgýðe Ellendǽda on Wundorlande,
Alice in Old English, tr. Peter S. Baker, 2015

Alice Contada aos Mais Pequenos,
The Nursery "Alice" in Portuguese, tr., Rogério Miguel Puga, 2015

Соня въ царствѣ дива (Sonia v tsarstvie diva):
Sonja in a Kingdom of Wonder,
Alice in facsimile of the 1879 first Russian translation, 2013

Охота на Снарка (Okhota na Snarka),
The Hunting of the Snark in Russian, tr. Victor Fet, 2016

Ia Aventures as Alice in Daumsenland,
Alice in Sambahsa, tr. Olivier Simon, 2013

'O Tāfaoga a 'Ālise i le Nu'u o Mea Ofoofogia,
Alice in Samoan, tr. Luafata Simanu-Klutz, 2013

Eachdraidh Ealasaid ann an Tìr nan Iongantas,
Alice in Scottish Gaelic, tr. Moray Watson, 2012

Alice's Adventchers in Wunderland,
Alice in Scouse, tr. Marvin R. Sumner, 2015

Mbalango wa Alice eTikweni ra Swihlamariso,
Alice in Shangani, tr. Peniah Mabaso & Steyn Khesani Madlome, 2015

Ahlice's Aveenturs in Wunderlaant,
Alice in Border Scots, tr. Cameron Halfpenny 2015

Alice's Mishanters in e Land o Farlies,
Alice in Caithness Scots, tr. Catherine Byrne 2014

Alice's Adventirs in Wunnerlaun,
Alice in Glaswegian Scots, tr. Thomas Clark, 2014

Ailice's Anters in Ferlielann,
Alice in North-East Scots (Doric), tr. Derrick McClure, 2012

Alice's Adventirs in Wonderlaand,
Alice in Shetland Scots, tr. Laureen Johnson, 2012

Ailice's Àventurs in Wunnerland,
Alice in Southeast Central Scots, tr. Sandy Fleemin, 2011

Ailis's Anterins i the Laun o Ferlies,
Alice in Synthetic Scots, tr. Andrew McCallum, 2013

Alice's Carrànts in Wunnerlan,
Alice in Ulster Scots, tr. Anne Morrison-Smyth, 2013

Alison's Jants in Ferlieland,
Alice in West-Central Scots, tr. James Andrew Begg, 2014

Alice muNyika yeMashiripiti,
Alice in Shona, tr. Shumirai Nyota & Tsitsi Nyoni, 2015

Alis bu Cëlmo dac Cojube w dat Tantelat,
Alice in Ṣurayt, tr. Jan Bet-Ṣawoce, 2015

Alisi Ndani ya Nchi ya Ajabu, *Alice* in Swahili, tr. Ida Hadjuvayanis, 2015

Alices Äventyr i Sagolandet, *Alice* in Swedish, tr. Emily Nonnen, 2010

'Alisi 'i he Fonua 'o e Fakaofo',
Alice in Tongan, tr. Siutāula Cocker & Telesia Kalavite, 2014

Ventürs jiela Lälid in Stunalän, *Alice* in Volapük, tr. Ralph Midgley, 2016

Lès-avirètes da Alice ô payis dès mèrvèyes,
Alice in Walloon, tr. Jean-Luc Fauconnier, 2012

Anturiaethau Alys yng Ngwlad Hud, *Alice* in Welsh, tr. Selyf Roberts, 2010

I Avventur de Alìs ind el Paes di Meravili,
Alice in Western Lombard, tr. GianPietro Gallinelli, 2015

Di Avantures fun Alis in Vunderland,
Alice in Yiddish, tr. Joan Braman, 2015

Insumansumane Zika-Alice,
Alice in Zimbabwean Ndebele, tr. Dion Nkomo, 2015

U-Alice Ezweni Lezimanga, *Alice* in Zulu, tr. Bhekinkosi Ntuli, 2014

www.ingramcontent.com/pod-product-compliance
Ingram Content Group UK Ltd.
Pitfield, Milton Keynes, MK11 3LW, UK
UKHW041838190726
13854UKWH00002B/595

9 781782 011491